SAGA OCH SANNING I NEUTRALIEN

Var du bara neutral, säger Frida,
var du bara neutral intill din död.
Birger Sjöberg

EVA ALEXANDERSON

Saga och sanning i Neutralien

Erinringar från vinterkriget till atombomben

CARLSSONS

Carlsson Bokförlag
Box 2112, 103 13 Stockholm
Tel. 08-411 23 49

Omslag Johan Ogden
Sättning KK Grafiska AB, Stockholm
Tryck och bind: Smegraf, Smedjebacken 1994
ISBN 91 7798 832 9

Innehåll

Förord

”Jag skulle inte göra dig en tjänst med att ge ut den här boken”, sa Gerard Bonnier till mig när han 1959 refuserade. Boken avsåg att vara en fortsättning på min självbiografiska roman Väckt ur drömmen (1958), som handlade om tiden 1936–1939 och hur denna tid upplevdes av en naiv ung svenska som väcks till medveten europeiska under den olycksdigra tiden före andra världskrigets utbrott. Den väckte inte större uppseende och såldes dåligt. Säkert hade Gerard Bonnier rätt, inte många var 1959 intresserade av krig och neutralitet, det hade man fått nog av. Och så blev manuskriptet liggande i en skrivbordslåda i trettiofem år.

Men förändringar kommer småningom, nu är såväl krig som neutralitet inne och en förläggare blev intresserad av detta gamla manus. Det kommer nu, med få förändringar, den viktigaste är att det inte längre är en ”roman” utan helt enkelt personliga minnen från denna svåra tid. I stället för att tala i tredje person är det första person som talar. Kanske ska jag säga ”andra person”, därför att huvudpersonen är just Sverige – det Sverige som vi ännu minns, några minns i alla fall. Texten har sitt värde eller borde ha det i att den tillkommer åren 1949–50, det vill säga så kort tid efter kriget att minnena ännu var tydliga och starka. Att ändra i texten vore att platta till den alldeles och vara efterklok. Den får stå där med sina skavanker och kanske ge några pusselbitar till den tidens historia. De få tillägg som gjorts är markerade med indrag och ”summorna” vid varje års slut är hopfogade med hjälp av fickkalendrar för respektive år eller som citat ur dagböcker. Sista kapitlet, Vrakspillror, försöker att rent typografiskt illustrera atombombens sönderslitande verkningar.

Natt kallare
dag kallare
natt kallare
dag kallare
natt kallare
dag kallare
natt kallare
dag

Den blinde fallit raklång
bland träden i parken
vill inte skiljas
från löven på marken
Ett hjärta fastklämt
i svartsjukans sax
har tjejen som motvilligt
vädrar sin tax.

Dag kallare
natt kallare
dag kallare
natt kallare
dag kallare
natt kallare
dag kallare
natt

Svart plastsjok fladdrar
helt spöklikt kring huset
som renoveras
likt själsliga gruset
En gammal alkis
tar där sej en blund
tills han blir upptäckt
av nattvaktens hund.

Natt kallare
dag kallare
natt kallare
dag kallare
natt kallare
dag kallare
natt kallare
dag

Jag vankar planlöst
jag fryser i vanten
missmod och sorgminnen
för hela slanten
För länge sen har
den blinde förts bort
med käpp och hund
och personnummerkort.

Dag kallare
natt kallare
dag kallare
natt kallare
dag kallare
natt kallare
dag kallare
natt

På himlen skiner
så iskalla tecken
stenstek på asfalt
dödstung längtans säcken
Den blinde sover nog
kanske hans hund
Vi andra väntar
på kärlekens stund.

Dag kallare
natt kallare
dag kallare
natt kallare
dag kallare
natt kallare
dag kallare
natt

Nästan femtio år efter kriget hörde jag Sonja Åkessons dikt en natt i musikradion. Den gjorde ett starkt intryck på mig och då såg jag tydligt: så var det och så blev det. Så var det under kriget, just så, såsom på det världsliga planet så ock på det enskilt personliga. Just så. En kuslig spökförnimmelse av vad som skett omkring mig och inuti mig under dessa krigsår. Två ord kunde bytas ut: den blinde är alkisen, svartsjukan är ångesten.

Jag tror att Sverige led en svårbotlig moralisk skada under kriget. Vi känner nu av följderna.

Se här: å ena sidan de styrandes räddhågade, tvehågsna, tvetydiga politik. De var rädda. Hyssj hyssj, inte sticka opp. Där var affärsmännen av den sort som likt sjakalen vädrar lukten från åteln: pengar att tjäna, men pengar luktar inte – de ger bara makt, de ger möjligheter, förut oanade. Där var de små schackrarna, de små svartabörsfifflarna som drev sitt spel över hela landet, som köpte upp på landsbygden där också bönderna kunde tjäna en och annan extra hacka, ganska många för resten. Friheten – sa de – vad bryr vi oss om den. Här finns pengar att tjäna. Friheten har inte varit något problem på 150 år.

Å andra sidan: alla dessa flitiga arbetare och tjänstemän och andra som arbetade ihop dagsförtjänster, som avstod sina pengar för att hjälpa folk i nöd. Alla husmödrar som stickade och sydde och slog in paket. Alla gåvopaket som strömmade ur landet. Sverige hjälper! Ja Sverige hjälpte. Men det var dessa små och anonyma som räddade Sveriges ära den gången.

Inte de styrande. De styrande levde högt på vad dessa anonyma gjorde. De kunde visa siffror och resultat som förkunnades i radio. Men själva, vad kunde de göra? De var rädda. De var gamla kommunalpolitiker, fackförenings-pampar eller småstatsdiplomater som fått stå i skymundan för stormaktsambassadörerna. De visste inte vad de skulle ta sig till. Och så följde de minsta motståndets väg. De var neutrala, och neutraliteten predikades i ur och skur, i radiotal och regeringsproklamationer, från informationsstyrelsen och från predikstolarna i kyrkorna. Ja, man proklamerade "hjärtats neutralitet". Och radioprogrammet slutade alltid med Du gamla, du fria.

Under tiden hade Sverige börjat kriget med att halvhjärtat hjälpa Finland (ja där gjordes kanske ändå något) och fortsatte med att förråda Norge i april 1940. Av rädsla. Man kan förstå det. Javisst. Allt kan man förstå och förklara. Kammen svällde på tyskarna som hade hundratals personer på sin legation och spioner och sympatisörer – klart man sympatiserar med den starkare, så var det för många som sedan glömde att de så gjort – de hotade och fordrade, regeringen föll undan, majestätet lade sig i saken, det hade gamla tyska sympatier och var för övrigt mycket ålderstiget. Vad skulle man ta sig till när tyskarna kunde ställa till så mycket ofog för oss vid minsta tredska. Eller skulle man riskera tysk ockupation? Man stirrade sig blind på Berlin och vrålen därifrån kom regeringen att darra i knävecken. Men om tyskarna hade marscherat in i Sverige hade Ryssland lagt sig i och Sverige hade blivit krigsskådeplats.

Förvisso var regeringens ställning inte avundsvärd. Den var svår. Och det gamla hemvävda Sverige där demokratin helt nyligen brutit igenom, där arbetarklassen hade börjat få drägliga förhållanden, där klassutjämningen var långt mera framskriden än på kontinenten – det landet stod där och stack huvudet i busken för att inte höra tysktågen rulla genom Sverige med undsättning till förläggningarna i Norge. Man behövde inte besväras av dem – de går ju bara på nätterna, sa en riksdagsman.

Nej – bättre hålla Sverige utanför. Sverige var en asyl för många flyktingar och efteråt kunde det medges av bittra skandinaviska bröder att det var bättre så. Men Sverige var också en spioncentral helt naturligt. Och de svenska styrande stod hjälplösa inför skeendet.

De svenska styrande fortsatte sin minstamotståndspolitik, de beslagtog tidningar som berättade om tyska ogärningar, de schackrade med judar från Norge, utlämnade tyska desertörer till en säker död och balter som släpades i väg mot sin vilja.

Och under alla dessa år låg tusentals svenska pojkar ute i beredskapen och hade tråkigt. De hade förströelsedetaljen. Men tråkigt hade de. De hade det ekonomiskt besvärligt, de skildes från sina familjer, de träffade andra kvinnor och massor av beredskapsbarn kom till som sen fick växa upp utan ordentliga hem. Hur skulle dessa pojkar kunna hålla moralen uppe när moralen över huvud bara förföll, överallt? Vad hjälpte det med tal och eldande anföranden.

På så sätt bröts den svenska moralen ner därför att det fanns ingenting som kunde ena folket. I de ockuperade länderna kunde man samlas ur olika läger kring en gemensam sak. Här fanns inget att samlas omkring.

Hur ska man kunna begära att den generation som växte upp under och efter kriget skulle kunna ha någon aktning för kung och fosterland, för moraliska värden, för kyrka och samhälle. Det är de som nu är fäder och mödrar, farfäder och mormödrar. Vad har de att ge till sina barn? Och barnbarn?

Sverige har lidit en obotlig skada under de åren. Det är det vi nu betalar.

Kanske var Sverige min körsbärsträdgård, landet där jag vuxit upp och som jag älskade – jorden träden stenarna ljuset snön och mörkret. Utan körsbärsträdgården förstår jag inte mitt liv i tillvaron. Så blev det när träden höggs ner – under kriget hördes yxhuggen tydligt. Borta var min körsbärsträdgård, borta med Säpo Säpo fosterland.

Lammet och björnen

1939

Det mörknade fort fram på hösten.

Under det första krigsåret var hela mänskligheten lik en fiolsträng, än darrande i snabba svängningar, spänd till bristning, än slapp och utan ton. Strålkastarna sköt upp sina dammpelare i rymden och lät dem vandra över den mörka himlen, sökande, korsande varandra, grymt smalnande, övermodigt vidgande sig – ständigt på jakt efter sitt offer: människan.

Människokriget hade brutit ut, kriget mot människosjälen.

Men ändå – äntligen var det slut på all tvekan, all halvhet och svaghet. Det onda skulle besegras, måste besegras. Ännu gick det onda fram med rasande fart, skördade sitt första offer, men snart skulle dess kraft vara uttömd. Något annat var inte möjligt.

Den hösten förenades tre små stater med en stor. Med blygsel tänkte jag på vad jag sa till min katalanske vän Andreu, när han hävdade små nationers rättigheter. Det vore bättre för små stater att vara sammanslutna i stora sa jag. Det berodde verkligen på hur de stora staterna var beskaffade, hade han svarat. Det var i somras.

Det blev så lätt att se vad som var rätt och vad som var orätt, så lätt att fyllas av entusiasm mitt i ångesten. I det lilla ännu neutrala landet Sverige stod de likasinnade på en kaj och sjöng "Vår Gud är oss en väldig borg", sjöng för Nordens frihet, för världens frihet. Trots allt stod de där och sjöng medan de väntade på att få embarkera i krigets konvoj. De väntade på sina uppgifter, på att få göra en insats.

Men det dröjde.

Ändå kändes det som en lättnad att kriget kom.

– Är det ändå inte en lättnad att kriget har kommit?

Ingrid kramade min arm till svar.

– Jo – jo – jo! sa hon och för varje jo bolmade andedräkten ur munnen på henne.

På Centralen var det svart av folk den här kvällen i mitten av december. Oslotåget skulle just avgå. Och med tåget reste utrikesminister Rickard Sandler. I sin lilla magra person tog han med sig allas förhoppningar, allas entusiasm – vi alla som brännande längtade efter att få se ett enat Norden, vi som kände att ”Finlands sak är vår”.

Det var bitande kallt och allt var svart och vitt: svart vinterhimmel, vit trampad snö, blanka spår med oljefläckar på syllarna, vita ångmoln ur munnen på mörka människor. Lamporna spred ett overkligt ljus och kastade irrande skuggor. Vi stampade i den hårdtrampade snön för att hålla oss varma. Ingrid tog några nummer av Ture Nermans nystartade oppositionstidning Trots allt! som hon hade under armen.

– Å vad det är kallt, sa hon. Vi lindar Trots allt! om fötterna. Det kan väl inte anses hädiskt.

– Trots allt! kan väl värma våra fötter lika väl som våra hjärtan, sa jag. Har du läst för resten...

Vi hackade tänder medan vi försökte kommentera vad vi hade läst. Så gjorde man alltid numera, för att uppbygga varandra.

Mängden trängdes framför fönstret där utrikesministerns klipska, glada lappansikte skymtade. Det var som om det inte funnes andra resenärer med tåget. Nedanför fönstret höll någon känd aktivist tal, så en till och en till.

– Är du trött, sa jag. Jag såg att Ingrid var blek.

– Ja lite. Du vet, ibland, hon gjorde en paus, ibland känns det tungt att vänta barn just nu. Det som skulle vara en glädje.

Plötsligt kom hurrarop. En röd flagga viftade. Tåget rullade långsamt ut. I fönstret viftade resenären med sin hatt och ropade något. Någon tog upp psalmen som hördes överallt numera. Ut rullade tåget i kylan, omgivet av vita ångmoln och bekransat med hoppets ord, beslutsamhetens ord, frihetens ord, med ord – ord – ord.

Vi stod kvar på kajen och sjöng ända tills tågets röda lykta hade försvunnit i vinternatten, sjöng "Vår Gud är oss en väldig borg".

– Tror du inte att det nu äntligen ska bli något av och inte bara ord, sa Ingrid ivrigt.

– Jo – jo – jo. Det är inte möjligt annat. Måste, måste, sa jag.

Vi tyckte att den där röda tåglyktan lyste som en hoppets stjärna i mörkret. Att det skulle förverkligas som vi hoppades på och önskade: *ett nordiskt försvarsförbund.* Alla möten, alla föredrag, alla sammankomster där detta hela Nordens förbund skulle bli oss en barriär mot det där konstiga kriget som pågick söder ut. Och i alla samlingslokaler fanns upphängd invid talarstolen en väldig skolkarta över vårt Norden. Detta var det område som skulle omfatta oss alla här i norr. En karta som stämde till eftertanke.

> Hur skulle dessa skilda stater kunna hålla ihop och fatta om varandra över vida vatten? Där var det norsk-svenska lejonet med de tjocka finska baktassarna som störtade sig ner över den pickelhövdade sårade danske soldaten som med armen i band strödde öar ner i Östersjön. Vi alla inringade denna knäböjande kvin-

na, som med armarna stödda mot det estniska altaret bedjande sträckte sig in mot den mörka staden Leningrad, den ryska utposten mot väster. Vid hennes bälte hängde det baltiska milda rådjurshuvudet, likt Blendas fälttecken. Längst uppe i norr hade lejonet en utomnordisk knorr på svansen i Kolahalvön. Och om sin smala midja hade den bedjande kvinnan det åtsittande åländska spännet som närmade oss till varandra.

En nordisk förbundsstat – ett nordiskt försvarsförbund – om det kunde förverkligas! Ja, tänk om det kunde bli verklighet!

Men det dröjde. Båt efter båt lade ut från kajen och vi stod kvar, sången blev svagare, mer trevande. Vi började frysa för att vi måste stå stilla så länge. Mörkrets istid kom.

Ju kallare och svartare och mer obarmhärtigt vintermörkret sänkte sig över världen och lade sig tungt över sinnena, desto högre skruvades stämningen upp under neutralitetens låga tak. Alla känslor fick en hårdare konsistens under trycket, vanmakten tvingade fram behovet att handla. Verksamhetsbegäret blev alltmer exalterat, släppte kontakten med realiteterna. Till slut kände man bara att man ville göra någonting, göra någonting.

Det var det som kallades aktivistdårskap.

Hela årets rytm var chock – entusiasm – desillusion, chock – entusiasm – desillusion. Chocken inför våldet mot det nya offret, entusiasmen att vilja komma den som var i nöd till hjälp, desillusion över den egna vanmakten, fegheten och skammen. Men ingen kunde ju egentligen tro att det var sant.

Nämligen att det var KRIG.

Jag satt en kväll uppe på NU:s redaktion och läste korrektur. NU, antinazistisk tidskrift för politik, för bekämpande av världens barbarisering, kämpade tappert för att upplysa svenska folket. Men som alla bra tidskrifter hade den en liten upplaga, den sågs med oblida ögon av de styrande och svenska folket visade ingen större lust att bli upplyst.

– Det måste bli en invasion här i landet för att folk ska begripa, sa redaktören Bo Enander med ett sadistiskt grin när han gick för en stund sedan.

Söt piprök hängde ännu kvar efter honom, men också en förlamande känsla av missmod. Han hade hållit ett långt föredrag om hur illa allt var ställt och man skulle inte inbilla sig att det blev något av frivilligrörelsen; den saboterades på högre ort. Men han ville nu alltid tro att det gick på det värsta sättet.

– Har vi sett annat då, sa han riktigt förtjust. Och det här numret blir säkert konfiskerat. Lita på informationsstyrelsen och Tosse Tunberg!

Utanför fönstret stod vintermörkret svart och kallt, tryckte hårt mot rutorna som om det ville med våld tränga sig in i det ljusa varma rummet. Jag hörde hur pressarna nere i tryckeriet mullrade på avstånd. När jag för en stund sedan gick uppför de fyra långa trapporna stannade jag i varje sväng och tittade genom trapphusets fönster ner i tryckeriet, där de blåklädda typograferna hanterade sina stora maskiner som vände upp ark efter ark doftande av färsk trycksvärta, ark efter ark av doktorsavhandlingar och romaner. Hur var de funtade som just nu orkade skriva sådant? En gång drömde jag själv om att tolka en medeltida handskrift om falkjakt. Men det var längesen. Nästan lika längesen som medeltiden. Det var andra jaktfalkar som flög nu.

Med blod skrev de historia just nu i Finland – här skrevs det bara i trycksvärta. Man måste till slut söka hitta en plats i det hela, inte bara stå utanför fönstret och titta på, engagerad och indignerad.

Det gick i tamburdörren. En NU-medarbetare kom in, P kallad. Han var i vit militärpäls och det stod ett moln av frisk kyla omkring honom.

– Jag kommer på avskedsbesök, sa han. Han lade pälsmössan på bordet och slog sig ner.

– Till Finland? Plötsligt kände jag mig upplivad.

– Ja något måste man göra, sa han glatt. Här står man ju inte ut.

Han bläddrade i tidningarna, ryckte på axlarna: det var bara i fredstid som man hade råd med en fri press. Hur skulle man kunna väcka en opinion med de ansvarigas halvsanningar och de oansvarigas antydningar?

– Men ändå rör det på sig, sa han och knackade ur pipan och började stoppa den. Snöskredet är på väg ...

Han talade sig varm: frivilligrörelsen skulle bli en folkrörelse, en väckelse ur försoffningen. Alla skulle på ett mystiskt sätt svetsas samman i mänsklig solidaritet. Västmakterna skulle ingripa och då ...

Men om man måste stå ut, tänkte jag medan jag lyssnade till hans småprat. Framför mig på bordet låg den kritvita pälsmössan. Jag såg på den och på hans militärpäls. Fårskinn – lammskinn, vitt, det var Finlands färg, vita pälsar, vita snödräkter. Han var enrollerad i Lammets armé, lammet som hade vågat grumla vattnet för björnen.

Så fint och vitt skinnet var, hur länge skulle det dröja

✝

Carl-Fredrik Palmstierna

* 22 februari 1903
† 24 oktober 1993

Älskad Saknad

BETH
MARGARETA

"Mehr Licht"

Goethe

Jordfästningen äger rum i Slottskyrkan onsdagen den 10 november kl 14.00. Efter jordfästningen inbjudes till mottagning på Slottsbacken 2, 1 tr. O s a till begravningsbyrån tel 08-663 16 15 senast den 8 november. Tänk på Ersta diakonisällskap pg 5 11 92-3.

Dödsannonsen över en gammal vän och kollega.

innan det blev smutsigt och tovigt, fläckat av smuts, av svett, av blod?

– Hur sa? Jo, han kommer nog tillbaks när som helst.

Det var redaktören den andre hade frågat efter och när det strax efteråt smällde i tamburdörren försvann han in i det andra rummet.

Jag satt kvar och funderade.

Jag hade just kommit hem efter ett år i Italien. Minnen kom över mig, minnen från för länge sedan och från inte så länge sedan. Det var våren 1936 i Spanien då jag fick mina första repor, då jag fann en gemenskap som verkade omöjlig i Sverige, alltid verkat omöjlig i det Sverige där jag var född och fostrad. Den där våren hos katalanska vänner, när vi satt runt bordet i köket och drack vin framför elden i spisen medan Andreu, far till de fem stjärnögda barnen, lade ut texten för mig, försökte öppna mina ögon för det som skedde i det dåtida NU:et. Då han sa saker som jag aldrig glömde.

– Bryt dig ut, bryt dig ut genom dina murar, sa han om och om igen. Kanske var det ”dina borgerliga murar”? Filologiska murar? Minns inte.

Och sen Italien där jag höll på med mina gamla jaktfalkar och vantrivdes med fascismen, med Italien; till att börja med. Men så kom jag till sist att älska de små människornas Italien genom de små människor jag mötte.

Bara när jag var ute på resa, ensam, var det jag existerade tillsammans med just de små människorna i olika länder. Då var jag fri. Nu var jag instängd i fällan, för hur länge? Vid varje steg hotade förtvivlans brunn. Och det var KRIG.

När det gällde Finland var det ändå inte fråga om klasskamp längre som för arbetarpojken, den spanske frivillige, som kom upp på NU för några år sen. Den gången kände jag en fientlighet strömma emot mig. Därför att jag satt välklädd på en redaktion, därför att han hade kämpat i Spanien, därför att han stod där som mitt samvete. Den skulden hade jag inte känt nu. Bara skulden att vara kvinna. Varför skulle inte kvinnor gå ut och slåss? Varför skulle de vara handikappade av sitt kön?

Det var egentligen märkligt hur krigiska alla människor hade blivit. Man slogs för freden, man stred för rätten, man kämpade för sin självständighet. Man ville vara fredskämpe eller man ville fred och därför ville man slåss. Det hörde tydligen till att man blev mordisk inför våldet. Våldet korrumperade.

Men varför inte.

Tillsammans med meningsfränden Dagmar gick jag en dag upp på finska frivilligbyrån. Den låg i ett stort fint hus mitt i stan; så fina lokaler hade inte Spanienkommittén haft. Men den hade ju inte heller haft statens halvblundande sanktion.

Fast det var långt efter lunchtid var det stängt.

– Vi väntar, sa vi.

Vi stod i en bred tom korridor med kontorsdörrar, fina dörrar av mahogny, ljusa putsade väggar, matta ljusglober, heltäckande mattor.

Det var kvavt och varmt. Vi stod och hängde mot väggen, sa inte mycket men väntade otåligt. Hissarna började gå upp och ner, det smällde i dörrarna, men hit kom ingen. Till slut hördes en hiss komma upp med en last av bullrande röster. Herrar i bredaxlade ulstrar och pälsmössor steg ur, låste upp dörren och strömmade in utan att lägga märke till oss. En varm doft av fin cognac, krog och Old Spice hängde kvar i korridoren.

Vi såg på varandra.

– Ska vi? sa Dagmar.

– När vi nu är här så, sa jag. Vi vill ju göra något. Vad som helst.

Ville vi det, ärligt? Vi trodde så eller ville tro det. Kanske var det en av de där föresatserna man fattar som eftergift åt samvetet, kanske skulle vi känna oss lättade när det var över.

Vi knackade på.

En av herrarna kom i dörren, en bildad herre med de mjuka dragen hos en som inte har behövt tänka på livets materiella djävulskap.Han var mycket röd och blank i ansiktet. Åter slog doften av fin cognac emot oss.

Plötsligt verkade vår fattiga fråga löjlig – löjlig som en arbetare på bolagsstämmemiddag.

– Så förtjusande, sa han belevat. Det var rart av er att känna så för vårt lidande broderfolk. Så borde alla känna. Tyvärr är så inte fallet. Men ni behövs här också. Man vet ju inte vad som kan stunda...

Han stod inte riktigt stadigt. De andras röda ansikten grinade bakom hans vadderade axlar.

– Se det kallar jag offervilja, fortsatte han och Finlandsnålen blänkte till på kavajslaget – Finlands sak är vår. Men vi har ingenting för unga damer. Stanna ni hemma, små flickor, och sköt era sysslor här. Då gör ni en lika samhällsnyttig insats.

Vi gick. I trappan såg vi på varandra och drog mungiporna till en grimas.

– Så är det med idealismen. Den är bara löjlig.

Dagmar skrattade.

– Vi får väl sälja våra Finska för nybörjare på antikvariat, sa hon, så kan vi ge pengarna till insamlingen.Vi får sticka knäskydd i stället.

– Passar bättre för små flickor, sa jag.

Vi var bara två små flickor, inte människor, två små flickor.

Skulle de ha tagit emot mig så i Spanienkommittén? Det var i alla fall annat folk. Men de här...

De var söner till bankirerna som hade bronsbyster på fasaderna och satt i olja i styrelserummen och traderade myten om samfundets stöttepelare, grundarna, stiftarna, symbolerna för det patriarkaliska – kvintessensen av den oscarianska dubbelmoralen. Det var den sortens karlar i stora spräckliga ulstrar som på posten och banken placerade ut sina ägodelar framför tre luckor: portfölj, svinläders-handskar, guldreservoarpenna, borsalinohatt. Andra stod i kö bakom dem, men de anade aldrig att de lät någon vänta. På spårvagnen – där de måste åka nu under kriget – bredde de ut sig över minst två platser med benen skrevande så att man trodde att gylfen skulle spricka. Men det gjorde den inte, ty deras kläder var välsydda.

Jag stickade ett par gredelina knäskydd.

Summa vid årsskiftet 1939-40:
Året rann ut i sanden. Inte hade jag börjat skriva doktorsavhandling, inte hade jag fast arbete, jag var sekreterare åt en gammal diplomat som behövde hjälp med sina memoarer från Balkan, inte hade jag hunnit längre i livsmognad, satt bara fast i min ensamhet utanför all gemenskap.

Många vilsna nyväckta aktivister for på söndagarna ut till Stora Skuggan för att lära sig ”skjuta ryss” i bitande vinterkyla. Så ock jag. Men någon skyttegemenskap blev det ju inte.

Ko och kakanon

På fältet betade en ko. Den stod där lugn och brunglänsande i solen, ända upp till halsen i klöver. Med tillfredsställelse tänkte hon på alla sköna ostar, smörklimpar och mjölkfat som skulle komma ur hennes spenar. Hon åt och åt, svängde med svansen och blinkade sömnigt ut i världen.

Utanför staketet hade några bleka män stannat med en stor kanon på väg till fronten. Det blanka stålet glänste som tusen små speglar. Kon tittade på kanonen.

– Vad är du för en? sa hon.

En smula stött över det vanvördiga tilltalet, sköt kanonen ut sitt eldrör och svarade nedlåtande:

– Jag är kanon, jag är så fin att jag inte kan gå själv. Det behövs tio man för att sköta om mig, men jag har gjort kål på många tusen. Och dig knäpper jag som ingenting. Vad gör du själv, då?

Kon blinkade långsamt och viftade bort en fluga.

– Om du knäpper mig, kan du inte leva, för det är jag som ger dig mat. Först äter du upp smöret för människorna och sedan slår du ihjäl dem. Nej, utan mig kan du inte leva.

Kanonen sköt ut eldröret ett stycke till i pur förargelse.

– Jag lever inte, jag behärskar, fnös den. Så länge jag finns måste människorna offra till mig. Antingen får de låta bli att äta eller också bli uppätna själva. Ettdera. Det är jag som behärskar världen. Människorna är mina slavar. Och du är bara ett medel för att jag ska kunna förgöra dem som vågar resa sig mot mig. Och jag är lugn, för naturen kan inte strejka. Naturen måste tjäna våldet.

– Tro det, sa kossan. Jag gör allt med allvar, smör och mjölk och ost och kalvar. Jag rör mig i naturen som de andra djuren. Du, du har inget vett, du bara forslas hit och dit på din lavett. Aldrig behöver jag tänka – därför kan jag inte tänka ont som du.

Pfui, fnös kakanonen.

På spårvagnen

1940

Ord var lustiga. Ord som aldrig tidigare hade betytt något särskilt, som hade varit likgiltiga och neutrala fick plötsligt en ny innebörd. Beredskap var ett sådant ord. Ett tråkigt ord, utan klang. Nu försökte man ge det ett innehåll, därför att det inte var ett farligt och utmanande ord.

Om någon var i beredskapen betydde det att han var inkallad till militär tjänstgöring, han var "beredskapare". Man talade mycket om andlig beredskap, det var något fint och ädelt; man talade också om beredskapsmentalitet – det var inte så fint. Det uppstod en hel flora av ord utan att man egentligen visste vad det var man beredde eller beredde sig för eller mot. Krig kunde man inte tala om, eftersom landet inte var i krig, eller försvar vilket skulle innebära att man ville försvara sig mot en fiende. Och det var inte neutralt. Därför hade man neutralitetsberedskap, något som i själva verket innebar en dom över landets offentligt deklarerade inställning.

Emellertid borde alla ha något beredskapsarbete vid sidan om det vanliga, för att inte tvingas till något som man inte ville när det verkligen gällde. Till att börja med kunde man välja. Jag hamnade på telefoncensuren – det lät spännande, något likt en äventyrsroman med hemliga koder och sånt.

Det var ett mycket hemligt arbete. I början av september rekvirerades familjens gamla badhus av svenska staten. Det låg ute på en udde i skärgården, ett skröpligt skjul med springor i väggen där pojkarna brukade kika in medan man klädde av sig. Någonting deponerades därinne och med strömmingsfjällglänsande nävar spikade Harry, öns handelsman, en planka för fönstret och satte ett stadigt hänglås i dörrmärlan. Tss, sa Harry och drog den trekantiga landstormsmössan ner i ögonen till skydd mot höstsolen, detta får inte komma till främmande makters öron.

Jag tänkte ibland på det där gamla badhuset.

Edsformulär om trohet mot fosterlandet undertecknades på ett furubord inne hos den kylslagne assistenten på censuren – Centralkontrollen, förkortat CK. En morotsblond tonåring med rund stjärt bredde ut armbågarna på det repiga bordet.

– Va spännande... som en spionroman med hemliga koder och sånt. Hon sög drömmande på pennan.

– Folk snackar alltid samma skit, kom det torrt från en gråhårig telefonist.

Den morotsblonda ryckte till och vände sig till assistenten: Hör nu – man ska väl skriva alla språk man kan, franska behärskar jag ju, jag umgås med diplomater.

Assistenten tittade upp med fiskblick: Det är förbjudet att umgås med utlänningar.

– Jamen – *diplomaater*. Hon klatschade med ögonen.

Assistenten ryckte på axlarna och telefonisten sa: Folk snackar samma skit på *alla* språk.

Jag läste igenom papperet framför mig: enligt paragraf si och så måste jag svära tystnad, svära att avklippa alla förbindelser med utländska vänner. Fick man inte skriva till sina vänner – de var ju inte fiender.

– De är utlänningar. Och ni är svensk och neutral.

Och assistenten var uttråkad.

Jag övervägde: att förråda sitt land var att förråda sina vänner. Det var viktigt att kunna göra sitt jobb här när det verkligen gällde – om det gällde. Jag skrev under.

För resten fanns det en brevcensur. Också. Kanske flera, för säkerhets skull.

Den grånade telefonisten hade rätt.

Diplomater och tidningsmän, svenskar och utlänningar, politiker och svartabörsjobbare och fnask – alla snackade de skit, på alla språk. Det är det telefon är till för, inte för hemliga meddelanden.

Besjälade av sitt patriotiska tystnadslöfte smög de edsvurna, förstulet sneglande åt höger och vänster, genom vintermörka gator till ett skumt gårdsrum på telefonstationen. Där satt de några stycken beredskapskvinnor, i kulörta städrockar och med lurar för öronen, i all gemytlighet bänkade vid ett lantligt växelbord. Rapportblocket var parat för att vidarebefordra spionens pusselbit till staten; rapport skulle skrivas i tre exemplar: ett till polisen, ett till utrikesdepartementet, ett till något byråkratiskt arkiv. Omkring oss susade det och knäppte i ledningarna av ocensurerade människoröster. Klirr – en klaff föll ner.

– Hallå, det är från samfundet Manhem, hell... skicka upp fem pilsner va.

Det lät misstänkt och i början diskuterade man högtidligt vad som kunde vara täckord och camouflage.

De misstänktas antal var ännu inte stort och man kände snart deras små svagheter och vanor lika bra som sekelskiftets lokaltelefonister kände ortens få abonnenter. Ofta följde lyssnerskorna sina personliga sympatier när de valde favoritfiender bland de offentliga kvinnor och män som skulle avlyssnas; det var svårt att vara helt neutral. Klaffarna klirrade och små hårda metallproppar stacks lystet eller blaserat in i hålen för att våldta människors torftiga liv.

– Tsss... Den morotsblonda viftade över lurarna med händerna som ett par haröron: Hihi... nu har käringen en karl där igen.

Lätt dam med utländskt klientel: Hallå! – argt.

Hennes man, beredskapare på permission: Joo det är jag, jag . . .

– Vad vill du nu igen. Jag är upptagen.

– Jo, kovan är slut, jag kan inte betala krognotan.

– Det var det värsta jag har hört. Du fick ju hundra spänn. Här ligger en annan å knullar ihop pengar å du bara går å super opp alltihopa.

– Äauumm . . .

Svartabörsfifflare: . . . det är som fan, här ska en träla å slita å gno, ja det har varit ett jävla jobb å så går den knölen å åker fast å sen så tar staten alltihop . . .

Diplomat: Javisst, ers excellens, jag gör ju vad jag kan, men de är så irritabla i Auswärtiges Amt och så är all good will putz weg för att oppositionstidningarna prompt ska trampa i klaveret . . .

Man stack in proppar, man drog ut proppar, ibland skrev man rapporter och häpnade över hur många onödiga ord det fanns i världen: . . . å då sa jag, ånej, en annan passar sej välan . . . hör nu, lilla fröken, inte har ni väl två små intima biljetter till sjuföreställningen . . . det är alla tiders gengasaggregat, prima grejer det garanterar jag å så här under bordet . . . Nä, Kalle, han är aldrig hemma, jag vet inte va han gör, han är på möten . . . jo, nu i kväll, du förstår jag är så kåt på dej . . . han, nej honom kan man inte lita på, det är en jävla nasse . . . I heard Furtwängler yesterday, marvellous, the Nazis anyhow . . . vid presskonferensen yttrade utrikesministern att han, enligt vad han tills vidare kunde se, måste betrakta denna sak såsom avgjord, det skulle, måhända, för den händelse ett nytt alternativ uppstode . . . ah oui, il paraît que les Finnois il faut qu'ils mangent même de la viande de renne . . . klockan 10, på Stureplan, vid svampen, ja, klockan 10 alltså . . .

Äntligen något konkret, något som polisen kanske ville

ha reda på. Rapporterna revs av, buntades ihop av den fiskögde assistenten, skickades i väg med hemlig motorcykelordonnans; men vad det blev av rapporterna som hafsades ner så pennan gick varm, det fick man aldrig veta. Inte heller vad det blev av dessa brottstycken av påvra människoliv, för rätt som det var, utan att man visste varför, var det andra som skulle övervakas och som grät, jublade, hånskrattade, förtalade, fifflade och snackade skit.

Man ryckte på axlarna åt människorna och gick ut och rökte på den stinkande toaletten.

Smussel, fiffel och sjaskig erotik avslöjades och kartlades av svenska staten för dyra pengar; inte kartlades, det var människor som blev utlämnade, groteskt förvridna. Anständiga personer lät ohederliga, när de ringde till magasinet efter mjölk och ramlösa.

Undan för undan utvidgades censuren till flera stora salar. Varje dag kom blåklädda telefonare, installerade nya växelbord, skruvade utan ett ord raskt loss en platta, tvinnade om de mångfärgade ledningstrådarna; en vit pappersremsa med ett namn byttes ut mot en annan. Det betydde att en ny människa var utlämnad i sitt dagliga liv åt nyfikna öron, lystna öron.

Föreståndarinnorna ropade ut över salen: Berlin på tvåan – London på ettan – Paris på trean – Moskva på fyran.

Det var de utländska korrespondenterna, diplomaterna och affärsmännen som rapporterade, förhandlade, slöt avtal. Inte en darrning på rösten lät ana att de talade över huvudet på människor som kämpade och dog.

Det snackades samma skit på allt flera språk.

Småningom märkte man också en annan sak: man fylldes av förakt för dessa två ovetande som talade med varandra. De blev nummer som skulle passas, avlyssnas, rapporteras. Kontinuerligt. Man kunde följa deras dagliga och nattliga liv, man kände till deras erotiska kontakter, deras små svagheter, om de hade smak för småflickor eller var homosexuella, hur de kritiserade landets ledande personer, att de köpte sprit och narkotika på recept och av utpressare, att de jobbade på svarta börsen och förskingrade offentliga medel. Man fick höra de lätta damerna diskutera sina erfarenheter, ge varandra tips. Man fick höra diplomaterna cyniskt ytliga i tonen, koncilianta och mjuka som hovmästare; nu när alla förhandlingar leddes av delegationer var diplomaterna bara vaktmästare i livré. Värst var allas förtal av alla.

All denna vetskap gav lyssnerskorna en egendomlig känsla av överlägsenhet, makt. Makt korrumperar fort. Purunga flickor som råkade ha en kort utlandsvistelse på meritlistan anställdes i det hemliga arbetet och efter några veckor var de härdade till likgiltighet, cynism eller förtvivlan av denna ständiga sprutlackering av smuts och vulgaritet.

– Det är hemskt att behöva höra sånt här, sa en nykomling en dag. Är människorna verkligen så rysliga?

– Ett ögonblick.

Jag gick in med proppen på tyska legationen och hörde den frejdige vaktmästarn ropa i mitt öra: Heil Hitler, Prinzessin, hier spricht Karlsson ... Jag flyttade proppen till en tysk journalist. Det var pressrummets Don Juan och en ivrig flickröst kvittrade:

– Får jag komma opp, älskling.

– Nej – det får du inte. Jag ska vila mig.

– Men vi kan väl vila oss tillsammans, hihi.

– Nej, har jag sagt. Jag har badat och nu vilar jag mig. Jag orkar inte med något hångel.

– Äsch, du har förstås nån annan där, pep hon.

Han suckade: Nej, jag sitter ensam framför brasan.

– O, har du brasa, sitter du i pyjamas ... men då ... Hon tjatade på och till slut stönade han:

– Ja kom då i fridens namn, men du får hålla mun för jag vill sova.

Det var förgäves de utländska pressmännen värjde sig mot den hord av sexhungriga flickor som bestormade dem. Ibland kände jag igen den morotsblondas röst och funderade. Men så sköt jag bort rapportblocket och vände mig mot nykomlingens bleka förstörda ansikte; fjorton dagar tidigare var hon frisk som en nyponros.

– Jag tror att människor inte vet hurdana de är, sa jag.

Den neutrala censuren lade pedantiskt pussel för att via fnasken uppspåra svartabörsfifflare och sabotörer in spe. Precis som "spionen lägger pussel".

Ute i Europa kämpade folken en förtvivlad kamp medan den neutrala censuren ägnade stor uppmärksamhet åt att komma svartabörsaffärer på spåren och lyssna på fnask med utländskt klientel. Ute i beredskapen stod landet med för fot gevär och frös och svor och hade tråkigt och ville hem. Neutralitetsvaktens förströelsedetalj fick arbeta hårt för att hålla ångan uppe bland mannarna.

Frivilliga – det vill säga män – fortsatte att samlas och resa vidare. Inte så många visserligen och det uppstod ideliga hinder utan att man fick veta vem det var som bromsade; alla twådde sina händer därvidlag. Men man såg frivilliga lite varstans på gatorna, de stack av i sina pälsar, alla i Lammets vita uniform. Frivilliga kom från Danmark och Norge, som inte heller hade kommit med i krigets konvoj. Det gjordes ingen hemlighet av dem, man var lite stolt över dem, en andrahandsstolthet. På det sättet var man inte helt och hållet neutral. De behövde inte smyga sig undan som männen till Internationella brigaderna i Spanien; de skeppades inte som kreatur som de italienska "frivilliga" en gång. De hade valt själva och öppet. Man kunde gå ut – om man var man.

Om man var kvinna stickade man: knäskydd och hjälmskydd och bålskydd och skjutvantar och brynjor. Man stickade medan man satt i hårtorken och medan man ammade, på lunchraster och stickaftnar och förstadståg. Somliga sydde snödräkter åt soldaterna, andra åt hästarna. Man satt på en vind och sydde knappar i frivilligkårens uniformer sedan man sprättat av svenska arméns knappar; det var halvlegalt, därför satt man på en vind. Rundbarmade moderliga lottor stod med kokvagnar vid varenda järnvägsstation någonstans i Sverige och serverade mannarna kaffe och smörgåsar.

De frivilliga som drog i härnad och kanske gick mot döden, de kunde ofta räkna med krigarens vila.

Kvinnorna stickade knäskydd eller fnaskade. Utom de gredelina knäskydden stickade jag också ett så kallat bålskydd.

Men allt detta gjorde nytta. Hoppades man.

En dag i januari fick jag ett telegram: "Möt vid Oslotåget i kväll. Reidar."

Reidar var en norsk journalist som jag träffat i Rom året förut. Sedan dess hade jag knappast hört av honom.

På centralen var det lika bitande kallt som när jag några veckor tidigare stod på samma kaj och sjöng framför tåget som avgick till Oslo för det nordiska utrikesministermötet: då blommade nordismen på bar kvist. Som på alla storpolitiska sammankomster hade ingenting beslutats; man beslöt bara att vara neutral och nordisk. Det var en steril isblomma – fast kanske nu...

In i den stela svartvita bilden dundrade tåget och stannade gnisslande. Ångan väste fram under loket i moln och ur en vagn kom norrmännen, alla i Lammets vita uniform, och blandade sig med de svarta figurerna på perrongen. Grova röster hojtade muntert i trängseln. Lammets soldater hade nästan alla vänner som mötte. Så kände jag igen Reidars långa kutiga gestalt.

Snön skrek under fötterna när vi gick bortåt perrongen.

– Ska du ut som journalist eller menig.

– Som menig. De grå ögonen såg ner på mig. Hvordan er det her?

– Å, det är olustigt, ännu bara besvikelser, men man hoppas ju...

Inte ett ord svarade han när han gick med långa steg och i taxin fortsatte jag: snöskredet var ändå på väg, frivilligrörelsen skulle bli en folkrörelse, en väckelse, alla skulle svetsas ihop på ett mystiskt sätt i mänsklig solidaritet och västmakterna skulle ingripa och...

– Men jag kan ju bara bjuda den frivillige på supé, sa jag när vi satt framför smörgåsmaten på det låga bordet framför dyschan.

Han slutade tugga: Nei, nå har jeg fåt nok av de aktivistfloskene.

– Dere borgere, han gjorde en svepande gest med smörgåsen mot hyllan med Nordisk Familjebok i skinnband, den tickande bordstudsaren på gustaviansk byrå, de slipade sherryglasen, dere ligner fritidslotter ved suppekjøkkene. Det er det som er å være nøytral. Hvis dere syns det er så flott å gå ut, hvorfor gjør dere det ikke selv.

– Varför går *du* ut då?

– Fordi man må gjøre ting som man ikke tror på, ikke ser noe resultat av. Det er den eneste rette måten å gjøre det på. Det er det som er å være menneske.

En nervös blick på klockan: han väntade samtal från Rovaniemi och måste ringa in en artikel.

Skenet från lampan bredvid honom föll över ansiktet och handen som höll luren: en bred stark manshand och ett knotigt ansikte. Håret och kroppen i övrigt smälte in i det omgivande mörkret. Men från det där ansiktet utgick en slags komprimerad butter vitalitet.

Det hördes dåligt, han måste skrika, blev ideligen avbruten och hamrade otåligt med pennan mot apparaten.

– Censuren vil vel ikke la meg snakke, sa han ironiskt.

För honom var allt så enkelt, så självklart. Vilken karl som helst, hur obetydlig han än var, hade gjort sin värnplikt, gjorde sin neutralitetsvakt, gick ut i krig. Han var alltid en del av den stora anonymiteten, den stora herrklubben. ”När jag var i det militära.” *Jag* alltså. Mot det hade kvinnan inget att sätta upp.

– Jeg er lei for det hvis jeg såret deg. De fleste svømmer omkring i sin borgerlige andedamm og merker ikke at vildgjessene flyr. Det er når man legger merke til det at det blir vanskelig. Og da må man lære seg å flyve.

En lång arm räcktes ut och tog mig om axeln.

– Jeg trenger deg.

– Du menar intellektuellt, sa jag upplivad.

– Nei, ikke nå.

Tidstypiskt norskt från 1940-talet.

På senare tid hade man ofta börjat använda ordet ”global” i alla möjliga sammanhang: handel, ekonomi, politik, krigsläget. Men när det verkligen brann i knutarna, då var ingenting ”globalt” längre. Världen föll sönder i byenheter. Hellre än att släcka hos grannen högg man upp brandgator som vid skogsbrand. Det hade funnits många sådana brandgator: Pyrenéerna, Österrike, Tjeckoslovakien. Nu var det Östersjön och Atlanten. Det gällde inte att förhindra – bara att vänta.

– Tänker inte Förenta Staterna ingripa, frågade jag en amerikansk journalist en gång. Ser ni inte vad det är som händer.

– Nja, hade han svarat, ingriper gör vi nog inte, knappast. Vi aktar oss. Vår uppgift kommer senare, när det gäller the reconstructive peace.

Reconstructive peace – som om det gällde en duell. När de båda stridande har sårat varandra skyndar läkaren fram för att förbinda såren. På samma sätt satt Förenta Staterna nu bredvid och tittade på och väntade att få ingripa som en deus ex machina.

Det var kallt den vintern, så kallt som om Nordpolen slagit armarna om landet och andats sin förlamande iskyla över det. Snön låg upplöjd i höga vallar längs körbanorna och på trottoarerna låg den vit och hård, kunde inte ens trampas till modd. Det var en sådan vinter som man mindes från barndomens världskrigsvintrar då man kunde åka kälke på stadsgatorna. Spårvagnarna med sina frusna rutor liknade i mörkret illa upplysta iskuber när de kom, skrikande av köld i skensvängarna.

Det var tungt och svårt att andas.

När jag på kvällarna kom ut från CK slog den råa kylan i ansiktet som vassa klor. Med händerna för munnen gick jag långsamt nerför backen och svängde in på Stureplan där jag stannade ett tag vid depeschbyråns fönster för att läsa de senaste nyheterna på långa gula hopklistrade ark som hängde där på trådar. Det var hårda förbittrade strider vid Salla och på Karelska näset. På västfronten intet nytt: utom spaningspatruller och skärmytslingar. Ute på haven sänktes fartygen, så och så många tusen ton; kalla siffror från kalla världshav. I Sverige diskuterades det över huvudet på folket som inte tillfrågades om sina åsikter.

Jag vände mig om för att ta spårvagnen som kom guppande med glimmande nerisade rutor. Då tyckte jag att Sverige liknade en spårvagn mer än ett fartyg. En spårvagn kunde aldrig komma med i någon konvoj.

Kanske inte, tänkte jag. Men mitt land kan väl inte svika.

Men det kunde det.

En dag i mitten på mars. Det började ljusna över förvårshimlen, mer för varje dag. Det droppade från taken. Jag stod vid fönstret i ett rum på BB och såg dropparna falla utanför, glittrande i solen, en hel pärlgardin av droppar. Bakom mig låg Ingrid i sin säng. Vi teg och i tystnaden hördes svagt lockropet av en talgoxe.

– Jag började i går som extra på Finlandshjälpen, sa jag. Så gick jag upp i dag och då sa de att jag inte behövdes längre ... det är ju fred.

Det var slut borta i öster. Det sades att det var för att Sverige ville ha Östersjön som sin brandgata och inga främmande trupper skulle få transiteras genom landet. Därför hade den tappre segraren förlorat, måste erkänna att lammet hade grumlat vattnet för den starka björnen. Men statsministern hade sagt att landets heder hade bestått provet och att han med lugn motsåg framtidens dom. Ty vad som hade gjorts var det från neutralitetssynpunkt säkraste. Dessutom hade humanitär hjälp administrerats och det var det viktigaste.

Vi teg, sårade och bittra, därför att vi redan sagt vad vi tyckte och vi tyckte lika. Det var skönt att tycka lika, men ibland blev det enformigt.

Därutanför föll dropparna våraktigt muntert, talgoxen lockade, det skulle bli vår och en ny människa hade fötts till världen.

Till slut sa jag: Att naturen är så likgiltig är verkligen ett bevis på att Gud inte existerar.

Barnet kved lite när Ingrid rörde sig under täcket och så kom det: Fast vi är ju också en del av naturen, vi känner och ger och får...

I det samma började barnet skrika på mat och Ingrid lade det till bröstet.

– Jag har köpt mig en ny klänning i dag. Det är typiskt för neutrala Sverige, sa jag.

– Ja, sa Ingrid. Nej – du överdriver.

– Tror du. Jag borde naturligtvis ha gett pengarna till en insamling i stället.

– Det känns hemskt att få barn just nu, sa Ingrid. Men det kan inte fortsätta så här. Jag tror att det blir annorlunda.

Jag teg en stund. Så sa jag: Jag är rädd att jag inte kan tro.

Senare på dagen stod jag inne på kontoret hos chefen för CK, en gammal försiktig man med ögon som för längesedan hade blivit skumma, kanske redan när han organiserade censuren under första världskriget. Den snåla vårvinterdagern föll in genom ett smalt dammigt fönster över det gammaldags trista tjänsterumsmöblemanget med rulljalusibord i ek. Jag förklarade min inställning, jag ville inte stanna i censuren, kunde inte stanna – nu efter "freden".

– Fröken tycker att det är som att rota i andras fickor, sa den gamle mannen.

Ja – det stämde nog. Jag föredrog mitt gamla arbete på NU.

– Jaså, sa han, ska fröken gå tillbaka till judarna?

Tystnaden blev lång. Den hängde i halvdagern som en illaluktande dunst. Genom fönstret såg jag en skylt: Gottfarb AB. Hur skulle det gå för dem om...

– Ja, svarade jag efter en stund, det ska jag.

– Jaha, det är en månads uppsägning.

Men så hände något. Kriget kröp vidare, gjorde en sväng runt oss, och slog klorna i nya offer.

Innan jag gick ner till det hemliga arbetet vred jag på radion för att lyssna till den extra nyhetsutsändningen. Där var paussignalen. Varje gång jag hörde den numera, tänkte jag att den skulle avbrytas av en främmande röst som meddelade att landet var ockuperat. Ju längre pausen drog ut, desto säkrare blev jag på att nu hade det hänt – detta som man väntade, fruktade för och ibland hoppades. Det som man väntade med ångest men också med en halv önskan att få något, någon att kämpa emot. Men så kom alltid den välkända neutrala rösten som utan en darrning läste upp de hemskaste nyheter.

Tam tatam tatam ta ta, tam tatam tatam ta ta. Nu – nej, det var den vanliga rösten. Ännu hade det inte hänt.

Innan jag svängde runt hörnet upp till telefonstationen stannade jag vid depeschbyrån och tittade på de fullskrivna papperen som berättade om tyskarnas bedrifter i Norge. Medan jag stod där i hopen och läste var det en kvinna som sa:

– Tänk vad tyskarna är duktiga i alla fall!

En annan kvinna sa, argt: – Duktiga – är det duktigt att överfalla ett litet folk...

Häpnad – gräl.

Jag gick därifrån, uppför backen och in genom porten där jag visade passerkortet för en sömnig kontrollör. I den stinkande kyffiga gången utanför toaletterna hängde jag av mig kappan och gick in.

De utrikes händelserna kunde avläsas i den starkt stegrade frekvensen av telefonsamtal. Vid de viktigare numren lyste röda lampor i ett kör och på växelborden klapprade och smällde klaffarna. Att det var extra pådrag var tydligt, nästan hela personalen hade inkallats, nattskiftet var förstärkt. De trängdes vid växelborden för att hinna sticka in alla proppar och lyssna.

De nitiska tjänstemännen rusade av och an, samlade in rapporter, gav nya order och satte upp gula lappar på anslagstavlan om vilka som särskilt skulle avlyssnas – ”timme för timme”, som det tjatades om. Det var något kusligt över detta opersonliga nit, inte nit för sakens skull utan för prestationen. Det var också kusligt att lyssna på landsmännen till de överfallna, det var som att tränga sig in med stenogramblock vid en dödsbädd.

Upphetsningen steg i den stora salen med de höga smala norrfönstren – de utrikes händelserna kunde också avläsas på den allt starkare lukten av kvinnosvett.

Där jag satt med lurarna på och svetten lackande bakom öronen väntade jag i varje ögonblick – precis som vid paussignalen i radio – att få se främlingar stövla in med kulsprutepistoler under armen för att rensa lokalen. Men det hände inte.

I stället hände något annat ett par dagar senare. Sista dagen jag hade kvar innan uppsägningstiden gick ut och efter det bestämde jag mig för att stanna kvar.

Den dagen kom ett telegram från Reidar. Jag såg genast

den hopvikta gråa lappen på torkmattan. Där stod: "Möt mig vid Norrlandståget."

Men tåget var försenat och han kom inte förrän sent på kvällen. När jag öppnade såg jag honom bara som en silhuett mot dagern. Så slängde han av sig pälsen och började gå fram och tillbaka i rummet medan orden forsade ur honom. Då och då teg han ett tag men fortsatte att gå och så talade han igen.

Det hade gått långsamt med demobiliseringen, de hade blivit otåliga, men nu var det ju tur. Nu skulle de slåss. Nu var de rasande. Men ingenting visste han, det hade varit ett helvete att sitta overksam på tåget denna långa resa när varenda timme var dyrbar.

– De djevlene, de djevlene, skrek han. Nå vet vi i det minste hvor vi står ... nå vet vi ... nå ska vi ... nå, nå, nå ...

Han hade magrat mycket, var senigare, hårdare. Det fanns ingenting kvar av den självklara frejdigheten. Kanske han inte hade magrat för resten, hålögdheten såg ut att ha kommit de senaste dagarna. Som om han plötsligt blivit äldre. Borta på stolen låg pälsen; den var inte fin och vit längre, utan lortig och tovig.

– Det blev ingen folkebevegelse, sa han ironiskt, de bare lovte og ingenting höll de. Folketalare som reiste runt og snakket seg hese av förtvivelse til svenske forband som lå ute i beredskap og hadde det djaevlig kjedelig... skönt de hadde jo underholningshoppene... det hadde ikke vi... vi hadde annet å gjøre än å bli underholt...

– Vill du ha något att äta, sköt jag in tveksamt.

– Nei jeg er ikke sulten. Jo forresten, gi meg noe.

Han stod och hängde i dörren till kokvrån och tittade på medan jag plockade fram och satte på en bricka.

– Mat, sa han, och släppte fram mig med brickan, ja det hadde vi også, men du aner ikke hvordan vi måtte spare på alt mulig... Du aner ikke hvor dårlige forholdene var i troppen. Ingenting var det nok av... mat, patroner de trengtes hjemme. Til hvad? De lovet og lovet forsterkninger og materiell og alt mulig. Og ingenting kom. Fordi det ble sabotert herfra.

– Jag vet, jag vet... mumlade jag.

Han satte sig och åt glupskt. Och fortsatte att tala, men långa stunder teg han.

– Men kom det inget från västmakterna då? undrade jag försiktigt.

– Hvad – jo til slutt kom det. Ikke til oss naturligvis, men det spiller jo ingen rolle. Jovisst kom det krigsmateriell men utgammelt og udugelig, bare skrap. Kanskje hadde de ikke noe annet å sende. Men vi ble skuffet.

Det träffade mig som en hård stöt: propagandan! Varför skulle det alltid vara som man inte hoppades?

– Ja, sånn var det, sa han och sög på pipan.

Så försökte han le det gamla glada grinet, men det blev nästan en grimas: Men nå som det gjelder Norge, nå blir det annerledes. Det ligger jo nærmere.

Han märkte knappt sin egen cynism. Kanhända blev alla smittade, drabbade på något sätt under detta människokrig mot själen – om bara inte själen måste lida nederlag.

Jag såg på den lortiga pälsen som hade varit så fin och vit en gång.

Jag sa i trots, tänkte i alla fall: Var lugn du! Det är bara en fråga om dagar tills vi kommer med. Nu har de sagt ifrån. Äntligen!

– Javisst. Nå skal vi sloss, *nå skal vi sloss!* Så minns jag att han sa.

Men jag blev osäker. I själva verket är det alltid något löjligt över den som är neutral och säger sig vara engagerad. Man uttalar sig, dömer, fördömer.

Precis som jag i förhållande till andra här hemma som ändå gör något – skriver, talar, upplyser, ger. Jag är den som läser, lyssnar, blir objektivt upplyst, får ta ett och annat handtag. Jag är, vi är, som hejarklacken med renat på Stadion. Inte ens lotta!

Vad som hände var att statsministern steg fram och talade, farbroderligt lugnande som han brukade, men den här gången fanns ett nytt ord med i hans tal – ett litet ord på tre bokstäver, det kom som i förbigående: ÄRA – Sveriges ära. Det var ett stort ord. Det lurade också många.

Alla vaknade upp ur förnedringen och eldades på nytt till kampen för frihet och rätt. Nu skulle man avtvå skammen att inte ha sträckt ut handen till en broder i nöd – bara slängt ut en frälsarkrans. Entusiasmen svallade upp jämsides med ångesten för dem som led. Man blev glödande patriot.

Äntligen fanns det något att samlas omkring!

Det varade inte länge. En dag när jag satt med lurarna för öronen och lyssnade brast illusionen: en tysk röst i Oslo gav militära order till en annan tysk röst i Narvik. Och tvärtom. Det upprepades varje dag, många gånger om dagen.

Vår position är så och så, vi vidtar de och de åtgärderna, vi förflyttar oss dit och dit. Erledigt.

Narvik avgav rapport och klagade dessemellan över att den tyska intendenturen som hade tänkt på allt hade glömt myggnät och olja för att skydda pojkarna mot knotten.

Det var det enda glädjeämnet för oss maktlösa på spårvagnen.

Så var det alltså: Det fördes krig i Sverige, ett oblodigt krig för att köpa sig en tvivelaktig fred. Ute i landet runt om hölls beredskapstal, trupperna eggades till beredskapsvilja, de skulle hålla sig beredda utan att ana kniven i ryggen. Det talades skönt om broderfolket som kämpades ner i väster av en fiende som grupperade om sina styrkor per telefon och telegraf över det neutrala Sverige.

Ingenting fick man säga, man var ju bunden av ed och måste gå med skammen brännande inom sig. Om fotfolket på censuren reagerade, så inte gjorde tjänstemännen det. Småningom hände det att en interurbanlinje var upptagen timmar i sträck och där förstod man ingenting. Det kom en tysk röst och sedan ett egendomligt knarrande ljud, ett slags kod. När jag tog upp det på rulle sa en tjänsteman:

– Det där har vi inget med att göra. Det ska inte tas upp.

– Varför inte det? Vi måste väl ha reda på vad de förehar över vårt territorium.

– Nej, det är inte order på det. Bara order på att det där ska passera.

Jag fortsatte ändå att ta upp fernschreibern på rullar. Försvarsstaben kunde väl ha nytta av att veta det. Men rullarna skickades aldrig i väg, de bara slipades av för att användas på nytt.

En annan gång kritiserade en tjänsteman de ansvarslösa svenska tidningsmännen. De skrev så mycket dumheter och blabla, men så blev de ju också konfiskerade. Han skulle säkert inte ha någon förståelse för vad Churchill sagt om att kritik i samhällskroppen var som smärta i människokroppen, att man inte kunde reda sig utan den om den också var obehaglig. Sancta Neutralitas i Neutralien hade hunnit långt med sina smärtstillande injektioner.

Det var mycket svårt att hinna få med det väsentliga av samtalen och det hände att man gjorde misstag. Jag fick en skrapa för att oavsiktligt ha färgat ett yttrande av en framstående tysk förhandlare. Men efter det kände jag mig misstänkt av Sancta Neutralitas.

Det var lätt att bli demoraliserad när man utförde ett

demoraliserande arbete, när man hade insyn på privat område.

Över alla dessa människors samtal, oavsett vilka åsikter de företrädde, fanns det snart något av komik, av dumhet, tarvlighet, gemenhet.

Diplomat: Hallå, darling, hör du vem det är?

Flickröst: O nej då.

Inte? Det är din egen stora bamseponke.

Hej, lilla bamseponken.

Buu – har lilla stumpan sovit gott. Inte för trött va?

Oneej då, inte alls, hihi. Duu – kommer du ihåg?

Vadå?

Bamseponken har lovat gå med på mannekänguppvisning idag.

Ja det kommer jag ihåg. Jag har en officiell lunch men jag ska laga att jag kommer ifrån den lite tidigare. Ajö med sig lilla stumpan.

Eller också:

Äldre dam: Är det sängavdelningen.

Jaha.

Jo, jag skulle vilja ha en bra säng, riktigt skön och bekväm.

Jaha, det har vi många att välja på...

Damen anger mått och andra önskemål.

Vart ska den skickas?

Till Långholmen.

Långholmen???

Frågetecknen hördes i telefon.

Javisst.

Ny uppringning: Jo – älskade Torsten... nu ska jag sitta inne för den där förbannade polissnoken du vet; den lille... Jag har i alla fall beställt en bra säng.

Det gällde ett tryckfrihetsmål, och en känd dam.

Eller också:

Alert damröst: Salong Vióla.

Lantlig mansröst: Är det här man får komma opp?

Vad önskar min herre? Massage?

Jaa, jag skulle villa komma opp ett tag.

Jaha, vi har en bra och kraftig massage som passar för landsortsbor.

Så var det alltså med fosterlandet och äran. Jag ville inte vara med längre, men jag stannade i förhoppning om att det någon gång skulle bli till nytta. En fåfäng förhoppning för nu gick det fort. Som en stormvåg vällde de tyska pansarvagnarna ut över Västeuropas slätter. Chockerna avlöste varandra under den vackra våren när naturen stod i blom och fåglarna sjöng. Illusionerna plockades bort, en efter en. Entusiasmen sinade undan för undan.

Genom landet transporterade de hysteriskt trupper härs och tvärs utan att veta var de skulle vara beredda, var slaget kunde falla; de mest inbitna fredsvänner blev glödande aktivister och talade i militära ordalag om att "uppmarschen hade gått planenligt" och nu skulle man kämpa; för vårens studentkull blev officersyrket plötsligt populärt, de som denna svarta vår sjöng om den ljusnande framtid så att man fick gråten i halsen.

Det talades mycket om fosterlandet. Det lilla ordet "ära" däremot hade tappats bort redan i förstamajdemonstrationerna bland alla blågula flaggor. Det var ju också ett sådant litet ord.

Inte riktigt genast visserligen, ty demonstranterna sjöng "Sveriges flagga, Sveriges ära" utan att det fastnade dem i halsen. Det var som en av våra kända poeter hade skaldat:

Ett enigt folk på fria fötter
som står på höjden av nivå
och binds ihop med hjärterötter
från arbetsblus till paletå.

Det var första gången som 1 maj inte var Internationalens dag utan en skrämd nations dag då alla partier slöt sig samman för att söka stöd i enigheten och samlingsregeringen. Stabila borgare på Öfre Östermalm som under åratal med ovilja eller ringaktning vänt sig bort från de röda demonstrationstågen, för fina att ropa fy, slöt nu med pånyttfödd entusiasm upp i leden och marscherade muntert och taktfast och förlänade på det sättet trampet en lätt militär touche. De blågula dukarna blandades med de röda så man fick en vision av ”sillsalladsflaggan” före år 1905. Man sjöng för att hylla flaggan: ”Gud är med oss, vårt fria svenska folk”.

Det underliga var att alla folk trodde att de hade Gud med sig i farans stund och det hade de kanske, om han nu fanns. Eller alla hade honom mot sig. En av de nya folktalarna, en av paletåherrarna, högerledaren Gösta Bagge, framförde en tänkvärd symbol från djurvärlden, kanhända inspirerad av att Skansen med djurparken låg så nära Ladugårdsgärde:

– Vårt land är likt en igelkott som rullar ihop sig som ett klot och reser alla taggar mot vem det vara månde som försöker angripa...

En ljuvlig junidag såg jag från spårvagnen löpsedlar med jättebokstäver: Frankrike sviktar, Frankrike står inför sitt fall, vild flykt söder ut från Paris – KAOS...

Uppe på censuren avlyssnade jag ett samtal mellan tyske militärattachén von Uthmann och en kollega; militärattachén hade sin privatvåning i svenska flygvapnets hus. Plötsligt avbröt han sig mitt i samtalet och började tralla: ”Sous les toits de Paris” och tillade med ett hjärtligt skratt:

– Snart kan man fara dit på permission och träffa flickorna på Montmartre.

Montmartre – martyrernas berg.

Jag tänkte inte: När blir det vår tur. Jag tänkte: Detta gäller hela världen, detta ska övergå oss alla. Jag tänkte: Man kunde säga samma sak 500 000 gånger när de spanska flyktingarna vällde över franska gränsen efter Barcelonas fall förra året – nu kan man säga samma sak millioner gånger. Nu är det andra turister som beskådar millioner eländiga liv, medan de själva ingenting riskerar. Det var det Andreu präntade in i mig förra sommaren vid flyktinglägret i Sydfrankrike. Och jag glömde det aldrig.

Min franske vän Jean hade i sitt senaste brev skrivit med lugn tillförsikt. Han trodde så på Frankrike, han trodde att det inte kunde falla. Hur många hade inte trott så och deras tro hade kommit på skam. Nu fällde de tyska stridsvagnsvågorna med elegant precision ut sina solfjädrar över Frankrikes sommargröna slätter.

Det var en underlig tid. Det betydde ingenting att man levde eller hur man levde; snart skulle vi alla ändå dö eller förkvävas. Allting flöt och böljade som för den drunknande när han sjunker i djupet; allt gjordes på kort sikt. Hur skulle man kunna göra upp några planer under dessa svarta månader när den ljusa sommarhimlen förmörkades av luftarmadorna som dånade in över England.

Det hände ibland att jag stod framför en viss bokhylla med italiensk medeltidspoesi, komparativ grammatik, historisk fonetik. La Divina Commedia, den var ett hån mitt i mänsklighetens tragedi. Hur skulle man kunna läsa på en examen i en avlägsen framtid som redan var dömd. Det var bara att släppa efter, allting.

Professorn i ämnet, Gunnar Tilander, hade föreslagit mig att kommentera en medeltida handskrift om jaktfalkar.

Javisst ja...

Det var nuets få tappra jaktfalkar man nu kommenterade: de tappra femhundra, som varje dag, varje natt med mänsklig tapperhet slog ner på robotarmadorna och segrade. På samma sätt hade man kommenterat de få finnarna som slungade sina molotovcocktails mot de ryska robotstridsvagnarna som tornade upp sig över dem som skräcködlor. På samma sätt som negrer kanske en gång hade glatt sig över en lans slungad mot vita erövrare. På samma sätt som indianer med sina pilbågar. På samma sätt långt, långt bort i historien...

Men det var bara en frist.

Allt hade visat sig så annorlunda mot vad man trott. Makten var inte fördelad som jag tänkt. Eller hoppats. Den lugna tron på det rättas seger förvandlades till en allt överskuggande ångest för morgondagen eller dagen som var. Där man trott att det endast fanns bombastiskt skryt och tomma ord, där låg den järnhårda makten som hotade hela världen – robotarnas makt.

Under tiden susade tågen med främmande soldater genom det neutrala landet Sverige – Neutralien.

Människor började mumla om ödet och säga att på lång sikt betydde en underkastelse för det ofrånkomliga föga. Man borde bära allt med jämnmod. Olyckan stålsatte människan och förde henne mot ett högre mål. Dessutom var det ett imponerande skådespel av effektivitet som rullades upp för oss som satt på neutral parkett.

Det fanns också andra, besserwisserneutralisterna, som tog ställning på sitt eget sätt och sa: Klart att det måste gå så. Om norrmännen och fransmännen och så vidare hade varit förnuftiga borde de ha gjort så eller så. Inte hålla på och tjata som de där s k brittnassarna, dom är ju enögda dom också.

Eller också sa de: Det var rätt åt dom, dom där jävla norrbaggarna.

Ändå var de inte nazister, de vördade Sancta Neutralitas – de var realpolitiker, trodde de själva.

Äran var borttappad men fosterlandet fanns visst kvar. Ännu. Frågan var bara vad fosterlandet var. Det kunde man grunna över. Absolut inte vad de säger oss att det är när de samlar oss kring en stång med en kulört duk för att lyssna till frasande tal fyllda av en beredskapsanda som vilar på lögner: ”Vår beredskap är god”. Kulörta tygstycken hade andra också. Det kulörta tygstycket kunde man ändra efter behag. Det såg jag vid ett svensk-nazistiskt möte på Auditorium.

Salen var fullsatt men estraden låg tom, belyst av strålkastare. Gröna krukväxter var utplacerade av någon dekorationsfirma som ordnade begravningar och andra festligheter. Folket sorlade förväntansfullt och viftade med tidningar och flygblad, hälsade med uppsträckt arm och stel handflata, den hälsning som kallades romersk eller germansk eller iberisk eller nånting annat.

Så blev det tyst.

Mässingsmusik började skrälla och prutta och in tågade en skara män, rörelsens ledare, i brun skjorta och ridbyxor och stövlar, företrädda av en blågul fanborg. Publiken reste sig och sjöng Du gamla du fria. Den slapp man ju aldrig! Men där var något jag aldrig förr hade sett:

Fanorna var blåa med gult hakkors.

Alla stod i andäktig givakt, bara jag satt. Ensam. Jag hade föresatt mig att övervinna min feghet och satt gjorde jag. Och plötsligt märkte man det. Man tittade på mig, gjorde åtbörder, manande, sedan ilsket. Man började mumla.

Skäms hon inte!

Ingen aktning för fosterlandets symbol!

Såna där borde kastas ut!

Och så vidare.

Men satt gjorde jag. Att det var så svårt att stå emot massan hade jag inte anat. Jag höll krampaktigt tag om stolsitsen för att inte resa mig. De trängde ihop sig omkring mig, räckte ut händerna för att gripa mig. Skulle till att klå upp mig. Men jag satt kvar, stirrade rakt framför mig. Så började någon tala på estraden, de hejdade sig, fortsatte att mumla ett tag.

Så var det med fanorna. Äran hade kommit bort i flaggvecken som en liten lus. Ingen talade längre om ÄRA. Ändå visste inte de flesta att det fördes ett oblodigt krig i Sverige.

Flaggorna: margarin och blåbärskräm.

Du folk av frejdad stam – numera vanfrejdad, tänkte jag.

Per Albin Hansson, statsminister under kriget.

Ur djurens liv

Lapphunden Lasse var ute på långpromenad. Hans nyryktade päls glänste i solskenet och svansen var styvt upprullad som ett hjul. Han strövade hit och dit utan mål, jagade upp en katt i ett träd, luktade på en tordyvel, nosade efter vittring i vägdammet.

Plötsligt kom han rakt på en bom tvärs över vägen och på den stod att läsa "Kenneln Alla Taxar". Därinnanför stod lyktstolpar i täta rader, prydligt målade hundkojor och längre bort syntes stora stålburar. Framför bommen gick en svart tax av och an med så långa steg han förmådde. Han såg så besynnerlig ut att Lasse satte sig ner på baken och tittade på honom. Egentligen var taxen strävhårig, men hela främre delen av kroppen var tättklippt ända in till huden och så gick han inte som vanliga hundar. Intresserat följde Lasses blickar den andres steg, först satte han ner höger fram- och bakfot och så vänster, så att han vaggade fram.

Lasse reste sig och gick fram för att lukta.

Halt, ropade den andre. Vart ska du ta vägen?

Jag tänkte gå in här, svarade Lasse förvånad.

I den här kenneln kommer man inte in, om man inte har klara papper. Har du stamtavla? Vem är du?

Jag är lapphunden Lasse och min stamtavla har jag hemma.

Nå, brummade taxen, jag får väl lukta på dig. Och så luktade han noggrant. Nej, återtog han sedan, eftersom du inte luktar pudel, får du väl komma in.

Hundparad.

Varför det? frågade Lasse naivt.

Varför? upprepade taxen. Jo, här är vi alla taxar och pudlarna är vår olycka. De förstör rasen. Ingen anständig tik kan längre gå i deras sällskap utan risk att bli förstörd för all framtid.

Såå, sade Lasse förvånad och ville gå vidare. Han begrep ingenting. Taxen hejdade honom. Ville han kanske ha någon som visade honom runt i kenneln och utan att vänta på svar skällde han åt en hund som gick ett stycke därifrån och grävde ner ben.

Vill du ta och visa Lasse hur vi har det här, Treu, sade han. Denne viftade vänligt på svansen, de luktade på varandra och så travade de vidare vägen fram.

Treu var en medelstor, grå hund med stubbade öron och snälla, bruna ögon. Även han var klippt på samma egendomliga vis som vakten. Lasse kunde inte se det ringaste taxlikt hos honom, men han fann det taktlöst att börja sin bekantskap med anmärkningar. De började nu komma in i själva kenneln, utmed vägen låg enkla men prydliga hundkojor. Däremellan syntes stora stängda burar. I varje bur låg en tik bekvämt utsträckt på sidan, omgiven av en glad och pipande kull diande valpar. Treu följde den andras undrande blickar.

Du har visst aldrig varit i en kennel förut? Ja, vi måste stänga in dem för pudlarnas skull.

Pudlarna, jag förstår inte. Det sa vakten också.

Jo, förklarade Treu med ett trött tonfall, som om han vore van vid så dumma frågor. Vi håller på att renodla rasen här och få fram fina exemplar. Då kan verkligen ingen anständig tik gå i sällskap med en pudel. Vi måste alla vara taxar och renrasiga, hundraprocentiga taxar.

Men, sa Lasse tveksamt, så vitt jag kan se är inte alla taxar här. Du är ju inte tax till exempel.

Häpnad avspeglades i Treus ögon. Är jag ingen tax, säger

du. Men du ser ju att jag inte är pudel. Och mitt stamträd är också pudelrent.

Vad har ni då för kännetecken på taxar, frågade Lasse.

Jo, alla icke-pudlar här i kenneln, det vill säga alla taxar, lyder blint under vår Tax, vår ledare. Alla taxar ska bo inom kenneln och alla taxar ska vara klippta så här.

Å, utbrast Lasse, det är ju raka motsatsen till pudlarnas klippning...

Just, sa Treu triumferande. Äntligen hade det gått upp ett ljus för lapphunden beträffande den radikala skillnaden. Pudlarna klipper sig tvärtom och så vill ingen tax med självaktning se ut. Och du, du är ju inte klippt alls, tillade han med medlidsam blick på Lasses tjocka päls. Om du vill så... Denne drog förskräckt in sin glada svans mellan benen och försäkrade ivrigt att han behövde sin päls mot kylan i Lappland. I detsamma mötte de ett par stövare och Treu räckte genast vacker tass och skällde i skogen, vilket de andra besvarade. Lasse hade aldrig lärt sig att hälsa så och iakttog dem under tystnad.

Så här hälsar vi alltid, förklarade hans följeslagare, då de andra kommit förbi. Det bidrar också till att stärka vår enhetskänsla. Nej, lukta inte på den där lyktstolpen, det lönar sig inte.

Lasse hade avlägsnat sig från honom ett par steg och luktade förgäves uppifrån och ner på stolpen. Detsamma var förhållandet med nästa och nästa. Ingen lukt alls. Förtvivlad såg han på Treu, som iakttagit honom med en road glimt i ögonen. Där, sa han nu och nickade framåt vägen. Ett stycke längre fram ringlade sig en lång kö av hundar runt en lyktstolpe. Ja, här är så välordnat med särskilda stolpar att gå till för olika kategorier eller snarare olika stadsdelar. Man vet alltid precis hur man ska gå för att lukta efter den eller den hunden. Allt är ordnat in i minsta detalj.

Men, invände Lasse, det blir ju ingen spänning, inget

intresse över det hela. Det roliga är ju just det ovissa.

Ja, om man har tid så. Men här har vi annat att göra, om...

Lasse förstod inte alls.

Vi vill göra vår kennel stor och betydande med en enhetlig, endräktig ras. Alla taxar ska samlas inom vår kennel. Vi måste betäcka våra tikar, vi måste dressera våra valpar så att de växer upp i kennelns och Taxens anda. Vi måste gräva ner ben för kommande behov.

Treu eldade upp sig allt mer och talade nästan hela tiden de stod i kön. De andra väntande hundarna kastade en nyfiken blick på den oklippte Lasse, men riktade sedan sin uppmärksamhet på vad som väntade dem. Lapphunden såg sig emellertid om och fann att det stod hundar av alla raser i kön; deras enda gemensamma kännetecken var den egendomliga framklippningen. Men han förstod nu mycket väl vad som band dem samman i en oupplöslig enhet och hade ingenting vidare att anmärka. Var och en som redan luktat färdigt gjorde vacker tass och skällde kort och militäriskt i skogen. Äntligen blev det Lasses tur. Han luktade uppmärksamt men vände sig missmodig bort.

Det var som jag trodde. Inte alls detsamma som vanliga oreglementerade lyktstolpar.

Sch, sa Treu försiktigt, men det var redan för sent. Ett par terriervalpar hade redan hört vad Lasse råkat säga och kastade sig morrande över den olycklige. Han fick ett bett i halsen och tjöt i himlens sky. Det blev en förfärlig villervalla. Strax kom en skara stövare tillstädes för att återställa ordningen. Treu gick emellertid emellan och förklarade anledningen. Lasse var gäst i kenneln och hade inte förstått dess vanor. Efter en allvarlig skrapa fick han gå och travade helt slokörad bredvid sin räddare. Han vågade knappt öppna käften mera för att fråga om vad han såg. Men då de mötte en ny flock stövare som patrullerade i passgång gatan upp och ner, kunde han inte behärska sig, utan frågade vad de hade för uppgift och varför de inte gick som vanliga hundar.

Det är vakthundar, sa Treu. De går alltid så, det är nämligen mer praktiskt och så ser man att det är vakten.

Lapphunden försökte ett ögonblick att gå så, men satte sig genast på hasorna och undrade inte i sitt stilla sinne, varför ingen hittat på något så opraktiskt förr. Emellertid väckte Treu honom ur hans tankar genom att inbjuda honom till kvällsben hos sin far. Sedan skulle de gå på ett möte tillsammans. Lasse tackade och sa att det skulle bli honom ett nöje. Utanför en liten trevlig koja i utkanten av staden satt en gammal fårhund med sorgsna rinnande ögon och gäspade tankfullt mot solnedgången. Treu gjorde vacker tass och skällde glatt i skogen, den gamle besvarade hans hälsning och luktade sedan vänligt på Lasse, som kände sig ganska blyg men luktade artigt tillbaka. Treu berättade livligt hur han råkat främlingen och om allt vad de haft för sig under dagen. Plötsligt avbröt han sig, gick bort till ett hörn och började gräva.

Nej, sa den gamle hunden, när vi har främmande får vi allt ta ett nyare ben. Ni vet kanske, vände han sig till Lasse, att vi sparar för kommande behov.

Treu höll upp ett ögonblick: Nej, far, kennelns bästa går före allt annat och jag är säker på att vår gäst överser med att benet är gammalt.

Lasse kände sig förlägen och viftade instämmande på svansen. Fårhunden suckade: Ja, du har naturligtvis rätt. Treu kom nu fram med ett tämligen ålderstiget ben som sovel till den vanliga enkla kosten av klivälling och torrt bröd. I början av måltiden var det en smula tyst, men så tog den gamle till orda. Han frågade Lasse om förhållandena i hans kennel, om det fanns mycket pudlar och hur man ordnat med avel och påläggning. Lasse kände sig skamsen över att behöva ge svar, som tydligt gick stick i stäv med uppfattningen i denna kennel. Han hade aldrig närmare tänkt över dessa saker. Fårhunden såg förvånad på honom, ruskade på sitt gamla huvud och sa:

Ja, så var det hos oss förr också. Jag kommer väl i håg det, men till slut gick det alldeles galet. Vi behövde någon som ledde oss, organiserade oss och delade in vårt liv till ömsesidig nytta. Nu har vi också samlat alla taxar inom den här kenneln. Det är vår lösen: Alla taxar i en kennel. Det ska också snart ha lyckats oss, men vi får nog bygga ut den lite till. Våra valpar behöver ju också plats.

Är ni också nöjda med ert liv, som det nu är? frågade Lasse, när den gamle gjorde ett uppehåll för att klia sig bakom örat. Denne satte ner benet.

Ja, hur ska vi kunna vara annat, inföll Treu. Vi har våra trygga kojor, vi har ben att gräva upp och ner, vi har tikar så mycket vi vill, och vi får jaga och leka så mycket vi vill.

Och inskränkningarna? Lyktstolparna, inga färska ben, dressyren?

Men dressyren är ju just våra lekar och vår jakt. Och det andra är ju bara struntsaker.

Ja, det går nog bra, sa fårhunden, det är ju småsaker, och jakt gillar jag också. Det är bara jakten på pudlarna som jag inte riktigt gillar.

Det glimtade plötsligt till i Treus annars så milda ögon. Han avbröt samtalet med att säga att de måste gå till mötet. De tog avsked och när de kommit utom hörhåll, sa Treu en smula ursäktande: Ja, han är ju skjutfärdig snart, litet gammal och har inte följt med sin tid. Har litet svårt att anpassa sig.

På en öppen plats utanför staden var en estrad upprest. Nedanför vimlade det av hundar. Alla skällde glatt på varandra och det tog en bra stund, innan alla satt på hasorna i välordnade led vid tribunens fot. Solen hade nu alldeles gått ner, det var mörkt och himlen välvde sig hög och stjärnklar över slätten. Månens hårda kalla sken flödade ner. Plötsligt blev det alldeles tyst, alla sträckte hals. Så bröt ett ivrigt skällande lös och alla högertassar flög i luften. Lasse sträckte på sig så mycket han kunde. Vad han såg var en liten brun ful hund av obestämd ras som satt ensam uppe på tribunen med högra tassen i vädret.

Tax-a, tax-a, tjöt alla.

Vad är det de tjuter? frågade Lasse. Vem är det där?

Det är ju vår Tax, svarade Treu. Vet du inte vem det är? Det är han som har organiserat vår kennel och leder den. Det är han som har samlat alla taxar och hans eget namn har för oss en dubbel mening, dels är han alla taxars överhuvud, dels kommer det av det latinska ordet taxa, som betyder skatt. Han är det dyrbaraste vi äger och därför betalar vi gärna skatt till honom. Men tyst nu, för nu börjar han.

Den förbluffade Lasse satt där lugnt och beskedligt och såg sig omkring. Alla såg förväntansfullt mot tribunen, alla teg. Så började hunden på tribunen. Lasse kunde inte höra så mycket till att börja med, men så småningom uppfattade han ett och annat. Kenneln skulle utvidgas, flera taxar som stod sammankedjade i pudlarnas våld skulle befrias, flera valpar skulle födas och kampen mot pudlarna skärpas. Man borde också vända sig till sina bröder lapphundarna och söka deras bundsförvantskap innan dessas ras blev alltför urartad.

Hans läte blev högre och högre, käften började darra och till slut satte han upp nosen mot månen, som nu stod rakt över tribunen, och hov upp ett långt, klagande tjut. Och ett till. Och ett till. Som på en given signal föll hela församlingen in i kör. Med sin ledare i spetsen tjöt de alla mot månen. Lasse kände sig illa berörd. Det där var en sak han helst ville göra när han var ensam men det var så suggestivt att han kände att han höll på att ryckas med. Han kämpade länge emot, men till slut blev det övermäktigt med den vanvettiga konserten runt omkring. Han höjde huvudet och föll in i kören.

Äntligen när månen började dala, tog det slut och Lasse vaknade upp som ur ett drömtillstånd. Han såg sig omkring med dreglande käft och beslöjade blickar och kände håren resa sig på ryggen. Med ett väldigt språng var han ute ur kretsen och satte i väg allt vad han orkade. Ett skutt över ett staket. Han var räddad. Han satte sig ner ett ögonblick, tungan hängde, sidorna hävdes våldsamt. Då han kastade en blick bakom sig, såg han på en stor vägskylt:

”Alla taxar i en kennel!”

Mungiporna drogs upp en smula och han satte i väg i språng norrut till Lappland.

1941

Hur jag förlorade fosterlandet

Det hände året 1940. Längesen. Då antalet år mellan nazistinvasionen i Norge och unionsupplösningen var detsamma som skiljer den dag jag lever i dag från 1940. Konstigt. Men det som hände innan jag föddes är alltid döda bokstäver i historieboken. Så är 9 april 1940 för dem som föddes efter kriget. Alltså: längesen. Länge längesen.

För de då medvetna var det året som inte glöms. Året då allt böljade och sviktade, mardrömmarna svepte in i varandra utan avbrott. Då allt var upplöst hopplöst framtidslöst. Året då illusionerna plockades av en som man plockar en höna. Vi var inte så härdade då. Året började med mörker och köld, snö och is, hjältemod och offervilja, patriotism och broderfolk. Det var före Norge, före Grekland – långt före Vietnam. Nu skrevs historiens sista hjälteepos, sa man, borta i öster, på moarna och näset. Så trodde man då.

Den uppskruvade stämningen i januari, entusiasmen, broderskärleken, brodershatet, aktivismen, aktivitetslusten: man ville göra någonting, *göra någonting*. Medan man väntade. Väntade på vad? Krig, invasion? Till och med sansade personer blev patrioter, nationalister, aktivister, blågula, nästan Karl XII-bussar osv. De som inte tänkte enligt de linjerna betraktades som vidriga förrädare, sattes i läger fast det talades tyst om det. Somliga gjorde något: gick ut som frivilliga, gav bort dagsinkomster, tog fadderbarn, serverade soppa. Många kunde inget göra. Många stod i kö vid de fredliga skytteförbundens söndagsskytte vid Stora Skuggan.

För att lära sig skjuta ryss – senare blev det skjuta tysk. Det var efter 9 april, då beredde sig Sverige. Man skulle ligga på taken och skjuta prick på nassarna när de marscherade in. Men de marscherade aldrig in; inte på det sättet. Men man beredde sig och beredde sig och Per Albin sa att vår beredskap var god.

Vi trodde faktiskt, många av oss, att vi måste vara beredda, att Sverige skulle försvaras, att svenskarna skulle värna fosterlandet folket hemmen folkhemmet friheten vår livsstil vår egenart osv osv. Många av de osansade aktivisterna svalnade småningom, men en del nästan hoppades, helt brottsligt, att den stora stunden skulle komma för att visa hur det svenska stålet biter. Men det fick aldrig bita och vi måste ikläda oss neutralitetens gråa botgörarvadmal. Så var det mera lönsamt för våra två stora grannar. Många var besvikna över denna snöpligt ogloriösa situation år ut och år in: att inte få någon att slåss mot. Alla anser nu att det var bra, inte bara för Sverige, att landet var neutralt. Men inte neutralt på det sättet. Jag är väl ändå inte ensam om ett neutralitetskomplex som i flera år efter kriget kom mig att kväljas av skam i andra länder.

Men vad som hände var något mera: statsministern steg fram och talade. Inte att han talade. Det gjorde han ofta, faderligt förmanande. Nu höll han ännu ett folkhemstal till nationen. Vår beredskap var god, sa han – det var den nu inte men det gick i många. Och på slutet nämnde han ett ord, ett enda litet ord på tre bokstäver – ÄRA. Det gällde Sveriges ära. Ett litet ord. Ett stort ord. Det lurade också många; mig med. Nu skulle man avtvå skammen att inte ha hjälpt brodern i öster för nu skulle man hjälpa brodern i väster. "Ditt land kan inte svika", fantiserade jag. Jag stannade kvar på censuren.

Men det lilla ordet var så litet att det kom bort. Hade kommit bort redan 1 maj. Många minns. Det var en solig dag med frisk vind. Demonstrationståget gick. För första gången var 1 maj inte Internationalens dag utan en skrämd nations dag, då alla partier slöt sig samman för att söka styrka i enighet och samlingsregering.

Paletåborgare som med ovilja och ringaktning sett det årliga demonstrationståget genom Öfre Östermalm som en otrevlig påminnelse om folkdjupen, de marscherade nu med själva. Muntert och taktfast och förlänade så tåget en lätt militär touche.

För första gången blandades blågula flaggor med röda fanor – man fick rent av en vision av unionens forna "sillsalladsflagga". Just unionsupplösningen var som sagt inte längre från 1940 än 1940 från idag. Demonstranterna sjöng Gud är med oss, fria svenska folk; varje folk tror sig ju ha ensamrätt på Gud. Det var första gången en högerledare talade på Gärdet 1 maj. Det var Gösta Bagge som framförde sin berömda liknelse: Sverige var en igelkott som försvarade sig med att vända taggarna ut. Igelkotten blev enormt populär bland många som inte närmare tänkt på hur det går till i djurvärlden: att om räven kissar på igelkotten måste den rulla upp sig för att andas och då kan räven hugga. Men liknelsen gjorde lika stor lycka som "en svensk tiger" – detta randiga djur som tigande blickade mot oss från husväggarna under spionens öron och pusselbitar.

Flaggan var viktig under denna tid. Svenskarna stod fasta kring den. Den hissades upp och ner, hälsades med frasande tal och Du gamla du fria. Man stod i givakt. Med blottat huvud. Honnör. Men den kunde också ändras efter behag. Symbolisera sin motsats, hur osvensk som helst.

Fosterlandet som begrepp kunde inte definieras. Vad fosterlandet var visste ingen. För många symboliserades det av: överhet, armén, ungdomen, partiet, klassen, en tygbit, kungen. En fiktion man sökte stöd i, ett stöd man behövde

Den svenska igelkotten.

men som inte existerade. Nej ingenting blev kvar. Det fosterland man höll fram mot oss var något abstrakt, något som var lika hjälplöst som den enskilde mot dem som regerade. Och de som regerade eller trodde sig regera var indragna i ett stort maskineri, var själva lika hjälplösa för att de var rädda och inte kunde klara situationer de aldrig väntat. De handlade i rädsla under ögonblickets tyngd för att andas ut i nästa ögonblick. Därför gjorde de saker som drabbade hela begreppet fosterland dvs hela folkets kollektiv som en dom. Den enskilde då – hade den enskilde inget ansvar? Kunde han ha ansvar?

Alla sa: det är inte vårt fel. Alla skyllde på alla. Alla föll sönder i små enheter. Ingen hade ansvaret. Alla kröp bakom någon. Bakom varandra. Som i en danslek där ingen är först och ingen sist. Censuren illustrerade det: ingen hade något ansvar, alla utförde order uppifrån, gjorde sin lilla pusselbit, anade inte vad som hände med den. Och var mitt land neutralt och jag inte ville vara solidarisk med denna neutralitet, fick jag ändå inte frigöra mig ur massan för att handla efter eget samvete. Jag kunde inte för resten. Så enkelt var det.

Och ändå – fosterland. Var det inte överallt där fria människor bodde. Här i Sverige när snön smälte om våren och viporna klagade över sankmarken, där jag fritt kunde plocka smultron på dikesrenen vid blommande sommarängar, segla ut bland skären med skriande måsar, bärga egna skördar, leva mitt eget liv, vila lugnt om natten. Eller kanske minnet av allt detta som jag kan bära med mig i mitt hjärta överallt. Överallt – för så borde det vara överallt i hela världen. För alla.

Så tänkte jag då i det instängda neutrala Sverige. Där man kände sig nära att kvävas. Tydligen satt det blågula djupare än jag anat eftersom det kändes smärtsamt att mista sådana illusioner som att ”mitt land kan inte svika”. Eftersom reaktionen blev så djup och så långvarig. Naturligtvis var ”neutralitetskomplexet” en inverterad form av chauvinism. Det kan jag se nu.

Ändå, det finns, måste finnas ett annat fosterland fast det inte kallas så. Ett som är inre, som är friare, som omfattar alla, mänskligheten. Ett fosterland för självständiga människor som tar ansvar, får ta ansvar. Vietnameserna hade aldrig kunnat kämpa som de gjorde utan att ha idén om sin frihet, om sig själva, sin värdighet som människor där bland risfälten, i regnskogarna, i byarna och bergen. Där fanns något som höll dem samman. Måste det vara gisselslag?

Det fanns inget som höll oss samman. Vi kämpade aldrig, därför visste vi inte vad vi skulle kämpa för om vi skulle kämpa. Neutralitetens Sverige var inte uppbyggligt. Det enade oss inte. Det stimulerade inte. Det frossade i fraser. Det talades om broderfolk, men när bröderna kom som flyktingar gnälldes det högt om att de tog jobb och bostäder för svenskarna. Det är inget nytt att utländska gäster inte är populära. Att jag förlorade fosterlandet i den neutrala löslighetens gråa sås, det vet jag. Jag har inte fått det tillbaka som väl är. För det var den sortens fosterland som måste utrotas. Som finns kvar, dyker upp på alltför många platser i världen. Fortfarande.

Allt det där var länge sen. Kanske är det en bit av ”vårt land Sverige” långt långt efteråt.

Bara en sak får inte försvinna: vipängarna om våren i frihet utan gränser – här. Risfälten och byarna – där.

Första majboken 1976, Ordfront

Men vad var fosterland? – ett område kring vilket man hade dragit en godtycklig gräns och där man bodde. En gräns som man hade slagits om och flyttat fram och tillbaka för att få en bit eller tvingats avstå. Det området skulle man älska mer än det som låg utanför den flyttbara linjen. Löjligt. Skulle man älska området för att man råkade vara mantalsskriven där?

Men fosterlandet – var det släkt och vänner. De fanns också utanför gränsen.

Var det kulturarvet – det hade andra också. För övrigt kunde man inte leva på enbart sitt eget arv.

Var det historien – den var en historia om segrar och nederlag. Blev den intressantare och mer betydelsefull därför att den var ens egen?

Var det staten man skulle älska? Vad var staten – ett mystiskt väsen som tog och styrde, mest tog.

Skulle man älska regeringen? Men regeringarna växlade och ett nytt parti kom till makten.

Majestätet kunde man knappast älska.

Eller skulle man älska taxeringsmyndigheterna som man erlade tribut till, därför att staten + regeringen skulle göra utgifter. Mest till sådant som man inte alls ville betala för.

Begreppet fosterland var grumligt och odefinierbart, men för de flesta fosterlandsvänner fick det symboliseras av: överhet, regering, parti, armén, ungdomen, en tygbit, kungen, fäderna under kyrkohällen. Egentligen visste ingen vad fosterland var, fastän alla talade om det. Fosterlandskärleken – detta sköna ord – samlade människor kring en fiktion. De behövde den fiktionen, ett stöd som inte existerade.

I forna tider hade det varit familjen, stammen, byn, sedan det lilla område där ett folk bodde; de små områdena slog sig ihop till större, till länder, nationalstater och längre hade man aldrig kommit. Där gjorde man halt och byggde upp myten om fosterlandet, nationen. Och så länge den myten fanns skulle det aldrig finnas fred på jorden. Människorna föds lika, hade en gång en man hävdat och alla hänfördes. Men ingen hade kunnat tillämpa denna sats över hela jorden. Människorna föddes lika, men de levde olika. Sedan dog de och då var alla lika. Först då.

Fosterlandet för mig, hade min franske vän Jean skrivit till mig, det är skuggor och dagrar, ljusblänk i Seine, olivträd i Provence, klockklang. Fria vägar, en luft där man andas i frihet. För mig är fosterlandet Frankrike. Men det var före sammanbrottet.

Och så Reidar. Sista gången jag såg honom hade jag tyckt mig förstå: nu ska vi slåss. Men det fosterlandet hade inte svenskarna, det fick man bara när man höll på att mista det.

Jag älskar mitt land, jag vill att det skall spela en ärofull roll, hade en italienare sagt mig en gång före kriget, men jag vill inte att det ska ske på det här sättet. Nu förstod jag honom bättre. Jag var själv lika hjälplös som han. Fosterlandet var alltid lika hjälplöst som de själva mot dem som regerade det. De som regerade eller trodde att de regerade var själva lika hjälplösa för att de var rädda och ur stånd att behärska situationer som de aldrig hade förutsett. De handlade i rädsla under ögonblickets tyngd för att få andas i nästa ögonblick. Men de var högmodiga, alltför högmodiga för att lyssna till dem som inte var sig själva nog.

Var började den enskildes ansvar?

Alla sade: Det är inte vårt fel.

Varför kom ett land i krig, blev ockuperat, bortplottrat. Omständigheternas makt, sade somliga.

Men det var ett abstrakt begrepp. Någon eller några stod bakom omständigheterna. Kanske till och med några för länge sedan döda vilkas tankes makt ynglade av sig bastardtankar. Vem kröp man bakom? Eller kröp alla bakom varandra som i en danslek, där ingen var först och ingen sist. Om ens land var neutralt och man inte ville vara solidarisk med denna neutralitet, fick man inte frigöra sig ur massan för att handla efter sitt samvete. Man tvingades till solidaritet med det motbjudande. Till slut hade ingen eller alla skulden till intet eller allt.

Hur var det egentligen? Vilken inställning hade man fått? Jag kände att jag av lojalitet mot idén skulle vara färdig att ange sådana som kunde anses som potentiella fiender. Kanske utan att veta säkert. Kanske vore det bättre att vara neutral. Men det kunde man inte heller vara om man inte hade den nitiske tjänstemannens slavsjäl.

Det var sant: det var något kusligt med de där tjänstemännen. De skulle kunna utföra vilka order som helst, förutsatt att de kom från en auktoritet.

Summa vid årsskiftet 1940-41:

Som förra året, ingen avhandling, inget arbete.

Samma ensamhet, ingen gemenskap. Neutralitet skapar ingen gemenskap, ger bara upphov till misstro mot andra.

Och på Stora Skuggan pågick prickskyttet. Nu övade jag mig att skjuta tysk i stället för att skjuta ryss. Men det blev ändå ingen gemenskap.

Ljusen från 30-talet hade försvunnit bortom synranden. Kvar fanns bara en ändlös mörkerdimma där vår spårvagn guppade fram. Spårvagnen som hade blivit ensam kvar på den kaj varifrån land efter land dragits med ut i krigets mörklagda konvoj över svarta vatten. Vi hade länge stått på kajen och sjungit Gud är oss en väldig borg, sjöng och väntade heroiskt på vår tur, men det fanns inget fartyg för oss. Vi stod där och frös, sången blev svagare, tystnade; vi fick äntra spårvagnen. Och där satt vi och var neutrala. Och föga heroiska.

Den naturliga lagen och vår tids problematik

Vad är folkrätt? Vad är en neutral makt? Hur bör man skicka sig mot krigförande makter? När sägs neutralitet vara mindre fullkomlig? Är det krigsorsak, om en stat vägrar en annan att transitera trupper över dess territorium?

Allt detta är frågor som för ögonblicket inte saknar aktualitet för vårt lands vidkommande. Snarare bör de kanhända inrangeras i den kategori av problem som vi uppmanas ”att inte diskutera på luncher och middagar”. Emellertid är de inte hämtade ur dagens debatt utan ur en liten katekes i naturrätt från 1700-talet. Boken är utgiven 1762 ”then swenska ungdomen til Tjenst” och utgivaren heter Martin Pletz, vice borgmästare i Skara. I likhet med så många andra pedagogiska alster från denna tid har lärdomskornen syltats in i en romantiserad berättelse i Gulliverstil, nämligen ”Then engelske flygarens resebeskrifning” av en färd till fyra små fantasiöar i Sydatlanten.

Till politiska flyktingar från Sverige

En mörk höstnatt för snart tvåhundra år sedan startade flygaren från Englands kust i sin egenhändigt konstruerade flygmaskin, där han satt i ett litet torn. Det skulle vara intressant att veta, om den fantasirike författaren tänkt sig sin ”flyg-machine” något i stil med de moderna Blenheim-planen med vridbara torn för kulspruteskyttarna. I varje fall har han tydligen inte ämnat sin maskin för krigiska syften.

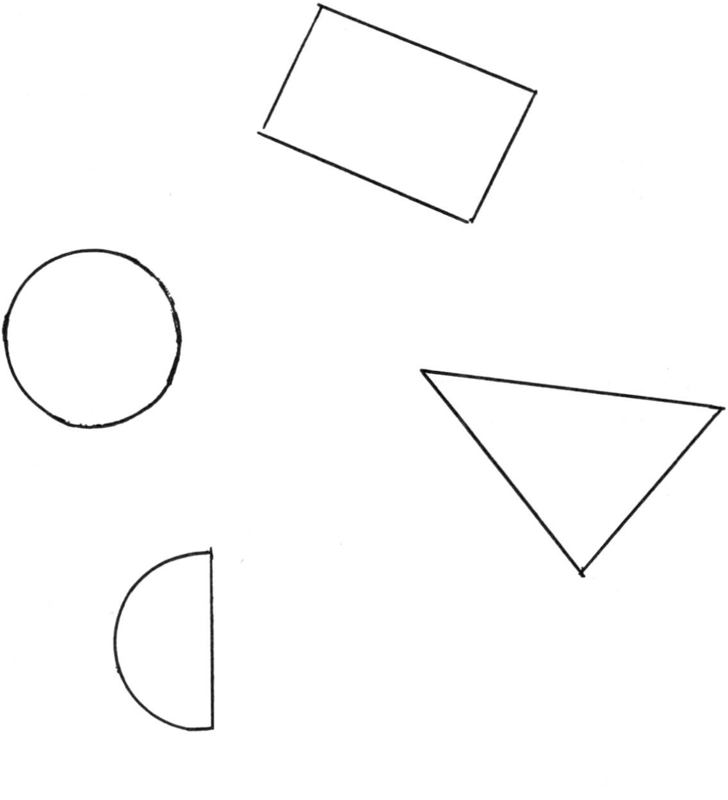

Öarna.

När han flugit hela natten fick han se fyra små öar dyka upp ur havet, vilka han efter deras form kallade Cirkeln, Fyrkanten, Trekanten och Halvcirkeln. Han landade på Cirkeln och mottogs i motsats till Gulliver vänligt av dess invånare som han stannade hos. Efter en liten tid lärde han sig tala deras språk och fann till sin överraskning att de talade svenska. Orsaken till detta egendomliga förhållande var följande.

"På then tid, tå Konung Christiern den andre utöwade i Swerge sin omenskliga blodgirughet ej allenast på gammalt ärligit folk, utan ock på menlösa barn, woro i Stockholm twenne Kjöpmän, af hwilka then ene hade twå söner, och then andre twenne Döttrar. Med thesse fyra barnen begåfwo sig Kjöpmännen på ett them tilhörigt skjepp, och tänkte flykta til Rom, för at ther skyddas under Påwens wingar, in til thess thenne grymme Herodes skulle döö, eller warda utdrefwen."

Det skulle i så fall inte ha blivit sista gången som påven tog sig an de förtryckta, det har vi fått bevittna, men anmärkningsvärt är att man under Voltaires tidevarv ville tala om påven som beskyddare och hägn, även om Skaraborgmästaren kanske inte tillhörde de radikalaste kretsarna.

Det var från dessa fyra barn som befolkningen på öarna härstammade; det svenska språket hade de tagit i arv men däremot inte de urgamla svenska lagarna. Frihet njöt de däremot i fullt mått. Människorna levde i det enligt författaren idealiska naturtillståndet och efter den naturliga lagen, vars förträfflighet han vill framhålla i sin avhandling.

Den blygsamma volymen på 160 sidor innehåller en hel del av intresse även för vår tid och diskuterar med frejdigt mod de mest skiftande frågor. Bokens första del berör huvudsakligen lagstiftande och dömande makt, religiösa frågor samt naturrättens uppkomst. Efter att ha undervisats av landets vise i naturrätt och folkrätt koras den engelske flygaren till kung av Cirkeln, vars småväxta folk gripits av beundran för den reslige främmande mannen och hans goda förstånd. Episoden påminner onekligen om vår barndoms äventyrshistorier, där skeppsbrutna sjömän valdes till hövdingar i kannibalstammar, för så vitt de inte hamnade i soppgrytan.

Flygaren tänkte sig nu att i lugn och ro få framleva sin tid bland sina trogna undersåtar, vist styrande och ledande dem i detta idealsamhälle. Men därav blev intet. Krig utbröt och därigenom uppstod allehanda internationella komplikationer mellan krigförande och icke krigförande stater.

Staternas uppkomst

Från Cirkeln, dit de ursprungliga emigranterna kommit, hade utvandringen gått vidare till de andra öarna och sålunda hade fyra olika stater uppkommit. Var och en hade då "intagit så stort stycke land som han ansåg sig behöva och avsade sig därmed allmänningsrätten till det övriga", en sats som kan vara väl värd att begrunda. Detta sätt var, säger författaren, då ganska lagligt, så länge ingen enskild ägare fanns, som "kunde genom intagningen förolämpas". Kommunism var däremot inte att rekommendera, fortsätter han, ty det "skulle åstadkomma en oändelig hop trätor, i synnerhet nu, sedan folkhopen sig så ansenligen ökt".

Intet folk är det andra överlägset

Bokens senare del ägnas åt en i naturtillstånd levande stats utrikespolitiska problem och författaren låter här sitt språkrör behandla frågor av den mest brännande aktualitet. Före varje kapitel finns en förteckning på de frågor som avhandlas i det följande och som läsaren skall lära sig att besvara enligt katekesmönster. Frågan "vad är folkrätt?" avfärdas helt summariskt med att den ingenting är annat än den naturliga lagen, lämpad efter vissa folkslag som inte står under varandras makt. Ett svar som i sin sibyllinska dunkelhet förvisso kan inbjuda till högst stridiga tolkningar som näppeligen torde tillfredsställa moderna folkrättsexperter. Den senare delen av svaret kan dock ha sitt intresse, om man med de närmast gångna årens händelser i tankarna tar en överblick av Europas nuvarande karta.

I detta sammanhang påpekas att när ett folkslag ingått samhällsfördrag och sålunda ställt sig under en överhet och förbundit sig att lyda vissa lagar avsedda för interna förhållanden, det under inga förhållanden kan tillämpa dessa lagar på ett annat folk. ”Thet ena Folkslaget har icke wälde öfwer thet andra. Thet ena kan icke straffa thet andra. Thet ena får förswara sina rättigheter emot thet andra, och hämnas för oförrätter, när sådana äro gjorda: thet är, in til thess thet ärhållit ärsättning för thet, som thy kan vara fråntagit, samt ser sig säkerhet för widare oförrättande.” Under sådana förhållanden inses utan svårighet att många och hårda fordringsägare kommer att uppträda efter ett krig, där en makt ockuperat främmande stater och berövat dem deras ägodelar.

Det vore önskvärt, suckar den gode borgmästaren, att såväl folkslag som personer alltid kunde leva i ro och fred. Men det kan man inte vänta sig, ty sedan den första allmänningsrätten blivit upphävd och varje folkslag fått sin del avskild från de andras, så visar sig snart den ”naturliga begjärelsen til at gjöra hwarannan orätt”.

Så bröt alltså kriget ut. Trekanten förklarade Cirkeln krig, med anledning av att Cirkeln lagt beslag på ett förlist fartyg, vilket förstnämnda stat ansåg vara sin rättmätiga egendom, eftersom den hade den största krigsmakten till sjöss. Trekanten ansåg sig vara berättigad till hegemoni över havet och allt som där kunde uppbringas och ville inte tillåta någon annan att göra sig den äran stridig. Trekanten förklarade sålunda krig under skrytsamt vapenskrammel.

Cirkeln hävdade emellertid att varje stat ägde absolut rätt endast till sitt territorialvatten och detta uteslutande emedan landets säkerhet fordrade det. Men vem kan väl äga hela stora havet? Vad som skall ägas, skall ock kunna vårdas och vem kan vårda ett så stort område? Trekantens skryt över sin stora sjömakt hjälpte intet, ty makt kan inte ge någon rätt enligt den naturliga lagen.

Ingenting kunde emellertid förhindra Trekantens orättmätiga krig, och Cirkeln, som inte hade företagit några som helst rustningar, måste i all hast mobilisera och utrusta en liten armé.

Utsökt artighet – svensk tradition

Trots sin präktiga flotta vågade Trekanten inte närma sig Cirkelns på grund av undervattensskär otrygga farvatten utan krävde av den mellanliggande Fyrkanten att få transitera sin krigsmakt över denna ö. Fyrkantens regering framhöll att ett avslag ingalunda kunde vara orätt och att Trekanten ingen rätt hade att ta en vägran som en krigsorsak, men trots detta ville Fyrkanten inte visa någon oartighet, utan gick med på detta krav. Svenskarna har, som synes, väl grundade traditioner för sin internationellt ryktbara artighet. ”At neka enom sådane höflighets gjärningar, thet wore owettigt”, tillägger författaren, som inte saknar anhängare till denna sin uppfattning i våra dagars Sverige.

Defaitism i naturtillståndet

På Cirkelns initiativ hade man fört ändlösa förhandlingar för att söka förebygga kriget, men de hade inte lett till något resultat. När så krigshandlingarna äntligen skulle inledas, fick den stackars kungen andra bekymmer. Hans undersåtar, som länge levat i fred, hade ytterst egendomliga åsikter om krig, en del ansåg att det var oriktigt att föra krig och att man hellre borde lämna en fiende allt vad han begärde än utgjuta människoblod. Emellertid lyckades kungen komma till rätta med de klenmodiga undersåtarna, därigenom att han hade en "beskedelig krigspräst" som bragte folket på andra tankar. Det var visserligen riktigt, yttrade denne, som det stod i Genesis nionde kapitlet att "den som utgjuter människoblod, hans blod skall ock av människor utgjutet varda", men detta skriftens ord kunde icke tillämpas på folkslag. Eftersom enskilda personer i naturtillstånd har rätt att försvara sig, varför skulle då inte hela folkslag ha samma rätt? Vidare: vad är det för mening i att skydda ett rike mot invärtes våld, om det utvärtes får rasa fritt och riket utan vidare böjer sig för det och uppger sina rättigheter? Detta för tanken till hovpredikanten som predikade "hjärtats neutralitet".

Får en neutral stat på grund av eftergifter anses som krigsskådeplats?

I följande kapitel uppställes frågan: får en fiende angripas, medan han vistas på neutralt territorium? För något år sedan var den frågan aktuell i vårt land och svaret ansågs utslagsgivande för vår utrikespolitik just då. Den engelske flygaren svarar på frågan: "Nej, ty så länge vår fiende befinner sig i Fyrkanten, bör han också anses som det rikets undersåte. Och vem har väl givit Cirkeln lov att anfalla Fyrkantens undersåtar eller göra detta land till krigsskådeplats, så länge Fyrkanten icke är ett fientligt utan neutralt land".

Men det är tvåhundra år sedan de naturrättsliga idéerna härskade i världen – om de alls trots ett visst inflytande gjorde det – och den engelske flygarens resebeskrivning är bara en utopi. Det är också länge sedan man trodde att folkrätten skulle respekteras av krigförande makter. Mången tycker säkert i våra dagar att Cirkeln och dess kung var gränslöst tålmodiga och fördragsamma, men det finns faktiskt parallellfall även under pågående världskrig, hur underligt det än kan låta.

En annan sak vore, tillägger borgmästaren försiktigtvis, om kriget komme att överflyttas till Fyrkantens territorium genom fiendens förvållande och Cirkeln funne sig föranlåten att förfölja honom. Under sådan förhållanden skulle Cirkeln vara ursäktad för de komplikationer som då kunde uppstå i det neutrala landet.

Cirkeln och Atlantkonferensens åttonde punkt

Kriget fördes emellertid utan sådana komplikationer och slutade med seger mot militärmakten Trekanten för det från början så illa rustade Cirkeln. Därefter började de segslitna fredsförhandlingarna. Rörande segerns rättigheter förekommer några ord från detta idylliska Utopia som, hur fantastiskt det än låter, kan ha något att lära oss beträffande den omstridda åttonde punkten i deklarationen från Atlantkonferensen mellan premiärminister Churchill och president Roosevelt.

Månne krig, seger och fredsförhandlingar medför lika rättigheter? Märk väl, min läsare, att krig, seger och fredsförhandlingar medför särskilda rättigheter. I krig får jag döda fiendens beväpnade soldater och då jag besegrat honom, får jag göra dem till krigsfångar och bemäktiga mig deras vapen samt det land som jag i kriget kan ha vunnit. Men vad tjänar det till, så länge fienden inte avsagt sig all fiendskap? Intill dess är jag ju alltid osäker om att få behålla vad jag förvärvat i kriget.

Vad är neutralitet?

Följande kapitel uppställer frågorna: Vad är neutral makt? Huru bör man skicka sig mot krigförande makter? När sägs neutralitet vara mindre fullkomlig?

Brännande problem. Tänjbara begrepp. Kungen över Cirkeln kan emellertid inte nog prisa Fyrkanten, som uppförde sig verkligt neutralt och inte höll med någondera parten, fastän landet inte förbundit sig till någonting. Fyrkanten hade ingenting att göra med kriget – ehuru man "av artighet" transiterat Trekantens trupper, en transitering som Trekanten dock uppenbarligen måst sköta själv med egna hjälpmedel – och visste iaktta alla de skyldigheter som folkslag är skyldiga varandra. Fyrkanten hade heller inte ingått några som helst speciella förbindelser med den ena eller andra staten. Vidare hade Fyrkanten inte lovat någondera att vid angrepp understödja med vapenmakt. Men om ett sådant löfte givits, hade det bort uppfyllas. I annat fall hade neutraliteten varit mindre fullkomlig.

De krigförande iakttog också sina skyldigheter gentemot det neutrala landet, så att det inte skulle lida någon skada genom kriget. Visserligen hade Cirkeln nödgats bränna en bro som gick mellan detta land och Fyrkanten, men skadestånd skulle utbetalas och för övrigt måste den neutrala staten ursäkta sådant, när det är av nöden påkallat för den stridande.

Svenskt försvarsförbund

Emellertid fann man efter krigets slut att allianser vore högst önskvärda. Fyrkanten som fått ett så påtagligt bevis på Cirkelns överlägsna krigspotential, blev angelägen om att ingå ett försvarsförbund med sistnämnda stat. Kungen i Cirkeln höll konselj och hans ministrar hävdade därvid att förbund med grannländer vore i högsta grad nyttigt och tacknämligt. De ansåg att ett sådant förbund vore vida att föredra framför en nonaggressionspakt, som icke lände de båda parterna till någon heder. Är det inte bedrövligt, menade de, att man ska behöva ingå fördrag och lova varandra att iaktta sina elementära skyldigheter? Då kungen frågade efter sina rådgivares mening, huruvida man kunde ingå allians med ett folkslag av annan religion, svarade de att religionen förvisso intet hade att göra med allianserna. Därför bör man heller inte ingå allians emot ett annat folk för religionens skull, så länge det inte gäller att försvara sin egen religion!

Det kan här påpekas att de naturrättsliga idéerna rönte framgång i sin strävan att avskaffa de förhatliga och motbjudande religionskrigen, även om det också låg i tiden att de religiösa lidelserna i någon mån svalnat efter det trettioåriga kriget. Mitt i teknikens och rationalismens tidsålder har vi ånyo fått uppleva, hur emotionellt betonade rörelser sveper fram över världen, som i sina yttre manifestationer företer stora likheter med de religiösa stormvågorna. Det kan därför vara väl värt att begrunda alliansers orsak, verkan och syften, innan man uttalar någon förkastelsedom.

Nya allianser

Emellertid ville den besegrade Trekanten ingå angrepps- och försvarsförbund med den starka Cirkeln mot Halvcirkeln. Så skedde också. Detta förargade emellertid Fyrkanten som inte gillade en dylik paktomani till höger och vänster, och då Halvcirkeln började krig mot Trekanten för att kapa åt sig ett av dess hörn, angrep även Fyrkanten det olyckliga landet för att lägga beslag på en annan bit. Varken Fyrkanten eller Halvcirkeln hade verkligt vägande skäl att komma med för sina angrepp, det var idel svepskäl och provokation. Trekanten anhöll nu om hjälp hos Cirkeln liksom även Fyrkanten, vilken påstod sig ha företrädesrätt till Cirkelns hjälp, eftersom dess allians var av tidigare datum. Cirkelns kung som var god och ädel ville inte lämna hjälp i ett så orättmätigt krig och genom detta lands förmedling slutade allting lyckligt som det gör i Utopia.

Men, kommer den lilla pekpinnen, ett förbund som befordrar orättvisa, och är olovligt, bör man inte ingå.

Om diplomater som överskrider sina befogenheter

Rörande diplomatiska kårens befogenheter har vår engelske flygare till slut några ganska intressanta uttalanden, som kan ses i sammanhang med moderna förhållanden, bl a i Sydamerika, men kanhända även på närmare håll. En av de nyutnämnda ambassadörerna vid Cirkeln begärde "icke allenast, at få sin egen Domstol i sitt hus, öfwer sin Håfstat, utan ock at få i sitt hus skydda missgjärningsmän, som thit kunde taga sin tilflyckt". Hur orimligt skulle det inte vara, tillägger han, om ett utländskt sändebud skulle betaga rikets överhet rättighet att straffa missgärningsmän!

Mycket kan väl ännu sägas i detta ämne, slutar Pletz, men den som vill skriva vidlyftigt och icke tillika förorsaka ledsamhet, han måste skriva bättre än jag.

Det blev ett hastigt slut på regentskapet över Cirkeln. En dag tog flygaren sin maskin och flög till Sverige för att skaffa sig en svensk gemål och sedan hittade han inte tillbaka till de aldrig kartlagda öarna. Han lämnade emellertid snart Sverige för alltid, ty "hwad lycka hafwer en flygande man at wänta ibland thet alfwarsamma Swenska folkslaget? The älskar ju allenast them, som blifwa wid jorden, men hata them, som komma flygande".

NU 1941

1941

Världen gungade runt i krigets mörklagda konvoj. Det mörknade alltmer över världens hav. I tätaste mörker och tjocka sköt eldpelaren upp som ur jordklotets innandömen. Järn dunkade mot järn – tank – tunk – tank. Vågor svallade upp i jättefontäner. Människor sögs hoptals ner i djupens gungande famn. Förkrigstidens ljus skymtade svagt genom minnets dimma.

Ännu hade jag inte släppt jaktfalkarna. Jag till och med tenterade och skrev på avhandling. Men Gud och ödet tyckte nog inte att den lärda vägen var min.

Bryt dig ut ur ditt filologiska elfenbenstorn. Fragment av ett samtal med min katalanske vän Andreu i Barcelona före kriget, vad han sagt för att väcka mig ur min dröm. Vad var det han hade sagt?

Allt hänger ihop, även med filologin. Man kan inte vara intresserad av något som enskild företeelse, man måste vara det integralt. Intressera dig för vad som rör sig i tiden ... Du kan inte komma undan. Man måste synkronisera sig med sin egen tid – känna den i sitt kött, sitt eget blödande kött ... Men var inte rädd, gå ut ur din egen ensamma värld ...

Längesen – innan allt började hända. Men sant. Jag kunde inte viga mitt liv åt filologi – något som jaktfalksprofessorn ansåg självklart. All annan verksamhet var honom främmande. De stackars licentianderna stoppade vigselringen i västfickan och förnekade hustru och barn inför professorns ironiska uppsyn. Men skattemyndigheter och hyresvärd var lika krävande. Så var det för mig. I övertygelsen att det vore viktigare att följa med min tid än att katalogisera jaktfalkarnas magsjukdomar bröt jag med professorn under ömsesidiga spydigheter. Så härligt det skulle varit att släppa ut alla de där falkarna att flyga sig friska.

I stället började jag läsa historia och statskunskap, passade bättre i tiden. Det skulle Andreu ha gillat. Och så kom jag tillbaka till NU, den morska lilla tidskriften som fladdrade som en brasklapp på det stora huset vid Adolf Fredriks kyrka. Med en blygsam inkomst som jag drygade ut med översättningar. Ingrid och jag samarbetade ibland, vi hade båda varit anställda på NU och lärt oss översätta och följa med den politiska vokabulären och föreställde oss att vi gjorde en liten insats med en flod av politisk litteratur, reportage och artiklar. Jag för att försörja mig, Ingrid på barn- och hushållslediga stunder. En tid i början av kriget hade vi trälat med diplomatiska böcker av olika färg, Englands blå bok, Frankrikes gula, Polens vita. Ingrid som var bäst på tyska språket fann det nästa skymfligt att bli tilldelad Tysklands vita bok. Den var ingalunda en oskuldens vita bok utan ett förljuget dokument. Hon kände det kränkande att bli underkastad granskning hos tyske pressattachén.

– Den där nassen, han sitter där och svettas och flåsar mig i nacken, misstänkliggör vartenda ord, berättade hon.

Det var längesen. Men vi fortsatte vår ”objektiva upplysning” som vi sa. ”Propaganda” som andra sa. En kväll när jag var hos Ingrid sa hon upplivat:

– Ja – nu är jag färdig med kriget i Norge.

– Vadå – blir man färdig med det?

– Nej visst, det blir man ju inte. Jag menar Willy Brandts bok. Jag tycker så mycket om honom. Han är så frisk och absolut hederlig. Han är integer. Han är levande. Det kände jag när vi nu råkades.

Willy Brandt, javisst den tyske flyktingen Karl Frahm som

trodde att han fått en säker tillflykt i Norge. Vi hoppades att han kände sig säkrare i Sverige.

Inte gott att veta.

Jag var också färdig med en översättning som även den handlade om härtagna länder och en diktator för över hundra år sedan. Den skulle nog aldrig komma ut. Det var Guglielmo Ferreros Aventure som beskrev hur general Bonaparte gick fram som en vådeld över Norditalien och plundrade ut civilbefolkningen. Det var där nationalismen hade sin outrotliga rot.

– Tänk att jag beundrade Napoleon en gång, sa jag skamset. Hitler och han kan smälla lika högt. Det här är en fin bok, intressant. Den kommer nog aldrig ut.

Den kom aldrig ut.

Vi talade om nästa demonstration för tryckfriheten och § 16.

Det var när 14 tidningar hade blivit beslagtagna efter arkebuseringen i Norge av arbetarledarna Viggo Hansteen och Rolf Wickström.

– Oppositionsgläfset är egentligen bara brasklappar, sa jag. För att freda samvetet.

Ingrid ville inte hålla med. Hon såg upp från stoppstrumpan.

– Oppositionen gör i alla fall nytta. Det är ett hälsotecken så länge den finns.

Det var ju vad man brukade säga, men allting verkade mer och mer hopplöst.

– Små hål i den andliga mörkläggningen, ja. För de redan upplysta. De flesta vill inte bli upplysta, det är obehagligt att få sina en gång fastslagna åsikter rubbade. På dem biter ingenting, utom möjligen ockupation.

– Ska man verkligen önska det?

Ja, det undrade vi.

Trots hennes optimism och iver fanns en ångest som ibland lyste igenom. Hon hade barn, hörde till en judisk familj. Men rädd var hon inte. Hon skulle aldrig ge upp. Att hon kunde vara så optimistisk! Ibland retade det mig.

– Nej, klart man inte ska. Men jag önskar rena händer och ett rent samvete.

– Tror du man någonsin får det? Är det inte själviskt, förakt för andra att önska det?

– Man måste själv skaffa sig rätt att ha rena händer.

– Kanske – men hur?

– Utan rena händer kan man inte skapa något gott. Besudlade händer besudlar allt vad de vidrör.

Ingrid svarade inte genast utan böjde sig bara ner över strumpan igen. Jag tände en cigarett och rökte under tystnad medan jag såg nålen blänka fram och tillbaka över hålet. Så flyttade jag blicken och såg på ansiktet som var till hälften belyst: det var spänt och ändå fanns en lugn orimlig förtröstan i det som var välgörande.

Så klippte Ingrid av garnändan och såg upp.

– Jag tror det är så här. Vi har det trist, just trist för att vi inte har något positivt att kämpa emot, eller snarare negativt – ett konkret motstånd i varje fall. Det är bara segt, ogripbart och oklart som böjgen. Ännu så länge vill vi försöka tro att det blir en förändring. Här är grått och dystert men vi tror att vi är fria. Vi kanske bara tror det. Men vi måste tro.

Sedan såg hon upp från stoppstrumpan: Tyst, tänk på ett tal fördubbla det osv...

– Vad är det med det, undrade jag.

Ingrid fnissade lite: Jo, så är det med alla våra resonemang.

Tonen var lite spydig och det förargade mig. Ingrid hade varit evakuerad i en avkrok och grälat sig igenom en hel het sommar med tre andra evakueringsmammor. De sysslade med barntvätt och visste att det fanns vägar till alla torp; och vägarna var till för marscherande soldater.

Fast det var bra att ha något att göra när vi blev irriterade över bristningsgränsen.

Nålen blänkte fram och tillbaka i den grå strumpan. Ovanför var det solbrända ansiktet belyst till hälften: det verkade vitt och spänt i ljuset, den andra hälften var mörk. Det var krigets färger: grått vitt svart och så grönt. Man vandrade mellan murar av is i de tre första färgerna och så blossade den korta nordiska sommarhettan upp som ur ett grönt Ginungagap.

– Vi tycker att vi inte har något att samlas omkring. Men vi lever. Vet du, en kväll i somras, barnen hade gnällt och varit rädda för att flygplan kom över och vi var allihop utledsna på varann. Då gick jag och hämtade kvällsmjölken, spannen var ännu varm och myggorna pep i luften och nattskärran spann så där intensivt. Och då kände jag att naturen inte var likgiltig. Den bara var. Och jag med den. Och den skulle överleva det onda i all evighet. Då visste jag att jag trodde att jag levde. Äsch, det låter förstås fånigt och absurt men just för att det är så absurt att tro, så måste man. Vi kanske bara tror att vi lever. Men vi måste tro. Mer vet jag inte.

Lite generad strök hon upp några små lockar ur pannan.

– Nu gör jag i ordning te. Jag har fått tag i en bit camembert.

När brickan stod på bordet med teet rykande ur kopparna förlorade hon sig i drömmar:

– Tänk – rätt som det är är kanske alltihopa bara en svart parentes, för alla krig måste ju ta slut och så sitter vi i Paris och äter camembert i fred. Hoppas bör man annars dör man.

Kanske förde vi inte just det här samtalet, men många liknande. Eller jag talade för mig själv. Det var så här det var.

Jag minns en gång när jag gick hem på natten i de tomma gatorna, då jag tyckte att de tända blå lyktorna lyste i en annan overklig värld. En isig måne svävade högt i det svarta, oåtkomlig och likgiltig. Det var alldeles tyst. Alldeles stilla. Ingen vind blåste. Lyktorna svävade orörliga som främmande ljusklot i tystnaden.

Då – plötsligt ljöd en lång sjungande ton lik dallringen från en mäktig sträng, spänd över tillvaron. Klangen var främmande och den ljöd och ljöd som om de få sekunder en ton kunde ljuda med samma styrka hade tänjts ut i tiden och förvandlats till oändlighet. Ett utomvärldsligt ljud som om sfärernas harmoni plötsligt hade skurit igenom den tjocka atmosfären kring jorden. Först var tonen behaglig att lyssna till, sedan ringde den hårt manande i öronen och till slut blev den outhärdligt stingande för trumhinnorna. Den hade den makten att den kunde få en människa att smälta in i tonen och förintas utan minsta förmåga att stå emot, om den varade lite till.

Men så slocknade den och dog med en ilning och natten teg åter.

Vad var det jag hörde, undrade jag när det blev tyst igen.

Summa årskiftet 1941-42:
Tråkigt och livlöst hade vi det under kriget. Just livlöst upplevde jag det. För att jag satt ensam innanför mina murar och inte förmådde bryta mig ut. I gamla almanackor ser jag att man gick ut på krog, åt middag hos varandra. Så även jag, utan att djupare minnen dröjt sig kvar. Man diskuterade, man pratade, man grälade. Ibland blev det upphetsat. Man snackade – ja man snackade skit på svenska, likaväl som på andra språk. Ingen skillnad. För man kunde inte annat, kunde inte handla, kunde inte göra en kupp, kunde inte skriva utan att det snokades och beslagtogs. Alla försök till fri

handling måste smusslas med, annars blev det inskränkta inskränkningar. Man surnade inåt – hela atmosfären var sur och unken precis som de råttluktande fuktiga vedtravarna som var staplade på Stockholms breda gator. Vedtravarna var en symbol för atmosfären i Sverige. Kanske gick vi alla omkring med sårad fosterlandskärlek.

Varför var vi inte duktiga?

Varför var vi inte tappra?

Varför var vi inte frejdiga?

Varför blev jag aldrig färdig med min avhandling?

Varför?

Resetrafiken

Allan Vougt: ”Tågen kan inte störa någon – de går ju bara om natten.”
Bort i natten.

Det var bitande kallt. Godsfinkans tunna bräder skyddade dåligt mot kölden som silade in som vassa tungor genom springorna. Det var många i vagnen. Soldater som permitterades hem över jul. De orkade inte längre röra sig för att värja sig mot den obevekliga kölden som lade sina blytunga bojor över lemmarna. Den frusna halmen under dem rasslade, då de rörde sig. Man sa inte mycket. Man talar inte mycket med varandra, då man legat ute tillsammans i beredskapen i månader i en liten trång barack uppe i lappmarken. Resan är lång nu söder ut, men man orkar inte.

Resan var lång. Den senaste snöstormen hade vräkt upp väldiga drivor och det tog tid att ploga undan snömassorna över spåren. Resan var lång, uppehållen var många, därför tog det lång tid. Man orkar inte tala och tala sig varm, när det är många grader under noll. Långsamt rullade tåget mot söder, det knakade och skrek i axlar och nav; de gamla vagnarna jämrade sig över påfrestningen. Tick-tack-tock, tick-tack-tock. En man i ett hörn låg och lyssnade slött till ljudet vid skenskarvarna. Det var omöjligt att inte känna dem för varje gång, fjädrarna på den gamla finkan var lika gamla som vagnen och inte beräknade för annat än gods och kreatur. Nu var det mänskliga kreatur som åkte i den,

Permittenttåg med soldater på vakt.

det var slut med att åka på persontåg, man åkte godståg och gods expedieras aldrig så fort. Det var därför tåget stannade så ofta. Mannen i hörnet hade fått en dansmelodi i huvudet och nu kunde han inte bli kvitt den. Obarmhärtigt hamrade dunket från skenskarvarna in melodin i hans medvetande. Djupare och djupare som spikar. Tick-tack-tock, tick-tack-tock. Tara-tam, tara-tam, tara-tam. Han försökte tänka på något annat. Melodin hamrade obevekligt. Otåligt vände han sig, så halmen krasade under honom. Kamraten bredvid snarkade ljudligt, han kunde knappast se honom i det svaga skenet från lyktan som dinglade uppe i taket. Var det inte farligt att sova så där, när det var så kallt? Det var ju nästan lika kallt i vagnen som ute. Männen kunde inte hålla värmen uppe, där de satt eller låg i halmen, fast de var så många. Melodin hamrade fortfarande. Den hade han dansat efter många gånger på dansbanan där hemma i Småland. På sommaren, när det var varmt. Det var andra väntans tider det! Man cyklade miltals genom vida högstammiga skogar i ljumma försommarkvällar för att komma till dansbanan. Vinden svepte ljum och doftande över ansiktet. Skogen luktade kåda och pors. Över mossarna låg tunna lätta dimmor när fukten steg ur marken. På tjärnarna lyste näckrosorna som snöbollar mot det mörka vattnet. På långt håll hörde man dragspelets toner komma och gå. Det dansades med liv och lust och klackarna smällde i brädgolvet. Det var länge sedan. Det var långt innan man fick resa från gård och kritter och vårsådd och alltihop. Melodin hamrade tara-tam, tara-tam, tara-tam.

Kunde inte det förbannade tåget stanna nån gång? Hade de inte rest i evighet, nu och alltid. Hela tillvaron hade han legat på frusen halm, domnad i alla leder och lyssnat till skenskarvarnas sång. Det kändes inte bra att stanna heller, uppehållen var långa och de skilde en från gården där hemma längre än nödvändigt. Kunde det aldrig ta slut?

Tåget, som kröp fram mellan snövallarna under den svarta, stjärngnistrande himlen, saktade farten ännu mera, bromsarna gnisslade, det knakade och kved i trävirket, skramlade i kedjorna och så stod tåget stilla.

Smålänningen kröp fram till dörren, sköt den åt sidan och hasade sig mödosamt ner på plattformen. Man måste röra på sig. Kylan slog emot honom som en kvävande molnvägg, han tappade nästan andan. Det var långt lidet på den korta vinterdagen och himlen stod över mänskligheten som en svart kupa, där stjärnorna släppte in dagsljuset. Stationskarlarna gick av och an och sysslade med nånting framme i tåget. Deras röster var klara i den kalla luften. Ångan stod ur tåget som väsande, vita kvastar.

Fram och tillbaka gick resenärerna på perrongen och försökte få blodet i gång med åkarbrasor. Några ord växlades här och där, men mycket var det inte att säga. Några fick fram cigarettfimpar och efter mycket besvär lyckades de också få eld på dem. De stampade i marken och kände kylan slå över sig i kalla vågor. Man fick vara glad så länge man inte förfrusit några lemmar. Folk var nere med bårar och slädar för att hämta dem som var värst åtgångna till sjukstugan. Så hade det varit vid varenda station. Några av kamraterna kom inte hem på permission. De fick åka till sjukstugan. Kanske man kapade en arm eller ett ben. Det finns de som inte tål att ligga länge i kylan. Man fick vara glad så länge man klarade sig.

Tåget blåste till avgång. Stinsen viftade med flaggan. Vidare söderut. Tick-tack-tock, tick-tack-tock. Vidare gick det. Det gnisslade och knakade och skrek.

De var färre nu i finkan. Några hade lämnats kvar vid den lilla stationen. Smålänningen dåsade i sitt hörn. Kamraten bredvid var borta. Han kände kylan krypa upp utefter benen och drog åt sig den halm den snarkande kamraten legat på. Han stödde sig mot ryggsäcken. Nästa gång skulle de få mat. Lottorna väntade på dem. Det var ju en tröst, det var visst inte så långt dit.

Återigen tänkte han på gården och dem där hemma. Dem hade han rest ifrån för att han skulle försvara dem. Han mindes väl de där hetsiga dagarna i maj när solen sken så varmt och klart. Torrt var det. Han måste i väg i en fart, fick inte ens tid att säga adjö hemma. Och två kor skulle kalva, en växel sättas om och slåttermaskinen repareras. Ingenting kunde han göra åt saken, men det hade ju klarat sig sen. I väg kom de och nu skulle de slåss. Nu skulle de försvara landet. Det var konstigt det där. Vem var det egentligen man skulle försvara landet emot? Det hade snackats mycket om den saken. Och så blev de förlagda längst upp i norr. De grävde och byggde och minerade. Å ja, de där långskäggen i öster kom man allt ihåg ända från skolan, de hade då alltid hållit sig framme och slagit ner på landet, då de kunnat. Och kom man inte ihåg det, så fick man det i sig i vintras. En skam hade det varit, så som de härjat. Men annars? Somliga sa att det fanns folk väster ut som man måste försvara sig mot, men de hade ju inte kommit. Hur skulle man för resten försvara sig mot folk som for på haven? Hur skulle man kunna slåss mot dem inne i skogarna och på fjället? Men det fanns andra. Det fanns folk söder ut också. Det var dem det gällde, sa somliga. De hade kommit runt omkring på andra håll utanför landet. Men sedan hade de fått komma in i landet. Han hade själv sett dem flera gånger. Varför fick de egentligen komma in i landet om det var dem man skulle försvara sig mot? Det fanns många uppe i förläggningen som hade blivit ursinniga, då de hörde att främlingarna söderifrån fick resa genom landet. Men de hade fortsatt att resa, sas det. Och de hade inte vapen, sas det.

Det hade kommit män till deras lilla förläggning och hållit föredrag för dem. De satt alla ute i skogsbackarna och hörde på dem efter dagens exercis, då det hade varit fint att sträcka ut sig eller dra en poker. De talade och talade mycket. Om försvaret, om den starka beredskapen som måste fortsätta att vara stark. De skulle ligga där själva, så fick de se hur det var att ligga i beredskap. Att gå på vakt på ett litet område. Att gräva skyttegravar. Att timra stall. Att slåss mot myggen. Att inspekteras av kinkig överhet. Fast visst var det en del som var bra. Det var hyggliga kamrater och vänliga officerare. Det var bra med käket och med kölden var det aldrig svårt förrän nu på hemvägen.

Här låg de nu och forslades söderut. Alla skulle de hem. De flesta till gårdar och torp i Småland, i Östergötland och Skåne. Men många från fabriker också. Förbannat vad det var kallt. Varför kunde de inte ha någon kamin att bättra upp det med? Så här kallt hade inte kritterna det hemma i lagårn, där var det varmt och skönt; fast de bara hade halm att ligga på, så var den i alla fall inte frusen.

Det skulle bli skönt att komma hem ett slag. Lite jul skulle man ha. Slädfärd till julottan, kanske. Mycket mat, sådan som man fick hemma, det var det bästa i alla fall. Gården behövde ses till. Hästarna behövde väl skos om, det var inte säkert att sådant blev ordentligt gjort, när han inte var hemma. Brygghustaket skulle lagas, men nu på vintern kunde han inte lägga spån på. Han såg gården för sig: röd med vita knutar invid de stora hängbjörkarna. Nedanför låg den lilla sjön, där det var näckrosor på sommaren, den var väl frusen nu. Det måste vara kallt där nere också. Fast inte som här.

Han satte sig upp och gned benen, rörde fötterna fram och tillbaka för att inte alldeles domna av. Kamraterna runt omkring teg allihop. De tänkte väl också var och en på sitt, om de inte sov. Det var inte lång tid man skulle få vara hemma nu. Snart blev det att åka tillbaka hela den långa vägen som redan varat i evighet. Hur länge, tro, skulle de behöva stå på post för att försvara landet, när det behövdes? Så länge kriget varade? Eller skulle beredskapen dras in tidigare? Det såg då inte så ut nu med försvarslån och allt tal om beredskap och det hela. Bara konstigt det där med de främmande som reste genom landet för att fara och slåss på annat håll. Nog hade han funderat över det själv många gånger och de hade pratat om det i förläggningen. Somliga hade fördömt det. Men aldrig hade han funderat så mycket på det som nu. Man hade ju tid under den långa resan. Men de var människor de också, de gjorde sin plikt mot sitt land, fastän man kunde då tycka att de kunde hålla sig hemma hos sig. Funderade de också när de satt i sina kalla vagnar och reste den långa vägen? De ville väl också hellre stanna hemma och sköta sina små gårdar? Det var väl bättre än att gå ut och slåss mot andra? Men man gjorde ju som man blev tillsagd.

Långsamt kröp tåget framåt. Taktfast och hårt ljöd skenskarvarna. Trävirket knakade. Timmarna kröp långsamt framåt. Nästa station skulle det bli soppa. Varm, härlig soppa. Skönt efter kylan. Röra på benen, få en rök, en kaffe, prata inne i värmen.

Tåget visslade, saktade farten, bromsarna gnisslade. Återigen väsande, vita kvastar ur tåget. Människor sprang fram och tillbaka. Männen hoppade ner ur vagnarna, sträckte på sig, pratade. Ljuset från fönstren i det upplysta stationshuset glimmade suddigt genom den kalla dimman.

Med tankarna delade mellan lottornas matservering och gården där hemma, gick smålänningen bakom en vagn för att pissa, innan han gick in i värmen. På spåret bredvid stod ett stort, norrgående tåg. Det var festligt upplyst och såg förnämt ombonat ut i jämförelse med det stackars gamla godståget. De har det bra de där passagerarna, tänkte han. Han blev stående och tittade. En dörr i tåget slogs upp, han hörde en röst yttra några ord med en främmande hård klang. Han hörde också dragspelstoner och sång. Plötsligt vände han sig gick tillbaka upp i finkan, öppnade dörren på andra sidan och tittade in i det främmande tåget. Han kände knappast igen vagnarna, det var så länge sedan han åkt i en sådan där vagn med överklädda bänkar. Kupéerna var fulla med män i uniform. De satt eller halvlåg på de bekväma sofforna och stolarna. Ljust var det därinne, men säkert också varmt. Karlarna hade knäppt upp sina uniformsrockar, alla var barhuvade och några till och med i skjortärmarna. De spelade dragspel och sjöng. De hade mat med sig och åt. Han såg och såg. Värme! Ljus! Mjuka soffor! Köld! Mörker! Frusen halm!

Plötsligt satte tåget sig i gång. Långsamt först, sedan allt fortare rullade det ut, försvann i den mörka natten som en strimma av ljus med norrskenet sprakande över sig.

– Ska du inte komma nu?

En kamrat hade kommit ut efter honom, de delade på en plunta. Han följde med honom till stationen, där fönstren lyste ännu dunklare över snön mot ljusen i det främmande tåget med de främmande soldaterna. I sjukstugesläden bredvid bangården lade de en karl från godsfinkan som förfrusit benen.

– Vill du ha?

Det var pluntan.

– Hit med den.

Han fick en klunk – tömde pluntan.

Där gick också andra tåg, ordlösa mörka och tunga rullade de långsamt norr ut, tungt lastade. Destination Narvik.

1941

Tisdagsklubben – ”Självplågarklubben”

1942

Det blev bara mörkare och kallare och mera kvävande. Och tyskarna sänkte 100 000-tals ton. Tink – tank – tunk.

Nog var det mörkt alltid – mörkare kunde det knappast bli. Förkrigstidens overklighet var en slocknad dröm. Framtiden fanns inte. Bara ett stillastående ångestfyllt NU. De förlamande kalla vintrarna avbröts av korta somrars onaturligt heta dagar, medan spårvagnen skumpade på och vi på den. Varje höst väntade en svart vintertunnel. Någon gång skulle det väl ta slut.

Men när?

Under tiden fortsatte folk att träffas på krog och snacka skit och fiffla med spionage och svartabörsaffärer. Sådant frodades i neutralitetens grumliga gråzon. Likaså blomstrade erotiken, om det kan kallas så, det hörde in i hela smeten: mink och persian, parfym och hummersupéer, taximörker och breda hotellsängar; smygmöten på Centralen, på lur i bakgator och dolda källare osv osv. Stockholm var en härlig mötesplats för alla slag av rendez-vous. Själv hade jag fortfarande inte hittat en plats i tillvaron. Ännu hade jag inte brutit mig ut genom de där murarna. Alltjämt var jag bara iakttagaren, dagdrömmaren som väntade på att något skulle hända utan att jag själv kunde samla mig till något. Kvar på spårvagnen som guppade genom ett ändlöst svart hålrum där alla var isolerade från varandra i krigets kortsiktiga perspektiv!

Man möttes – pratade – snackade skit – sa rätt snart:

– Jaja – inte nu, det där får vi tala om en annan gång. Tjänare – ajöss – so long...

Så blir hjärtana eremiter...

Vi satt kvar i vår spårvagn med de nerisade rutorna som åkte fram och tillbaka på sin lilla fläck. Vi skumpade och guppade i mörkret och höll för öronen för att inte höra tågen som gick om natten. Min franske vän var borta i dimman, det var som om han vore död. Så kom tanken: han kanske är i koncentrationsläger? Vad kan jag göra åt det? Jag vande mig vid tanken. När vi skildes åt den gången under lindarna i Luxembourgparken sa jag till honom att alltid lita på mig. Han skrattade då. Lita på mig, lita på någon – alla svek ju. Vad kunde de små i landet göra?

Visst – skicka gåvopaket med godkänt innehåll, genom Röda korset, genom Rädda barnen, genom kväkarna. Det var vad alla små i landet gjorde. Som visserligen var många – men ändå. Berg av paket – men vad förslog det? Och till koncentrationslägren kunde man ingenting skicka. Där fanns bara en mur av tystnad som inga skrik trängde igenom.

Så en dag kom ett brev från Frankrike. Jag fick i min hand ett gråaktigt kuvert med stämpel på: en örn med ett hakkors i klorna. En hälsning från tyska censuren och ett kort meddelande från en dam i södra Frankrike: en uppmaning att skriva till henne. Jag skrev, så mycket jag vågade. Efter en tid kom svar. Hon hade vidarebefordrat mitt brev till ett land långt borta, på andra sidan Atlanten. En annan värld dit Jean hade flytt från ockupationen. Brevväxlingen kom i gång via två censurer och varade kriget ut. Det var som ett fördolt hemlighetsfullt andhål i mörkläggningen. Frankrike – Sverige – Mexico, tur och retur.

Plopp – plopp – ploppopp, små lätta knallar när de ärtstora blykulorna slog in i skottavlorna därframme. Små knallar som av knallpulverpistoler, det ekade inte ens här nere i källaren två trappor under jord.

Jag stoppade in de små leksakspatronerna i magasinet och gjorde mantelrörelse, höjde pistolen. Så sänkte jag den igen och såg på de andra.

Längs en träbarriär stod aktiva medlemmar av pistolskytteförbundet SAPK och övade sig med prickskytte på små vita måltavlor några meter ifrån. Nakna glödlampor hängde i taket likt konstgjorda självlysande insekter, de spred ett grått overkligt ljus över människorna härinne.

Där stod de, ett tiotal medelålders stadiga karlar i överrock och sportmössa och sköt, för silvermärke, för guldmärke. När de redan hade guldmärke sköt de för poäng, nästan bara fem-ettor. De höjde armen, andades in, tog stadigt sikte och stod så en lång stund. Så sänkte de armen igen och väntade tills den var utvilad, innan de äntligen satte ärtan mitt i den svarta pricken. Efteråt jämförde de allvarligt sönderskjutna måltavlor med hål i mitten, lika vita grammofonskivor, och skrev ordentligt upp sina poäng. Småningom kunde man ställa upp till SM, bli svensk mästare.

Så där hade de år ut och år in hållit på att skjuta med ärtstora patroner och instickspipa djupt nere i en källare, flera kvällar i veckan. Den skarpa ammunitionen måste ju gå till neutralitetsvakten. Någon gång fick de en liten kristidsranson och skyndade muntert ut i markerna på terrängskytte för att se till att de inte glömt sina färdigheter.

Men det var en sak att skjuta på en pappsoldat, som plötsligt flög upp ur marken med ett grin över sitt enfaldiga pappansikte, och en helt annan att skjuta på en levande fiende, till och med i självförsvar.

Visste de egentligen varför de gjorde det? Fritidsnöje förstås, sedan många år, långt före kriget. Varenda söndag drog de sig ut till skjutbanan utanför stan för att knalla där i all gemytlighet några timmar, innan de gick hem till middag.

Det var vid årsskiftet 1940 det blev på modet att förena sig med söndagsfarbröderna och rusning till skjutbanan av alla som ville lära sig skjuta skarpt. Den nyårsdagen stod jag själv i kö vid Stora Skuggan och blåste i fingrar och förfrös tår i väntan på att få lossa några skott. Hysterin hade snabbt avtagit när man började inse att det var meningslöst. Lika meningslöst som när folk störtade i väg och skaffade sig gasmasker i september 1939; jag hade själv en gasmask som låg i en dammig lår uppe på vinden. Jag tänkte visst att staten skulle söla i vanlig tågordning så jag inte kunde hinna få en i tid. I tid för vad då?

Det var bara de forna gamla skyttarna som fortsatte att driva sin hobby. Men var fritidsnöjet något annat än femettor och någon gång om året kallelse, ”med skyttehälsning”, till klubbmiddag och skyttetal, tal till kvinnan och prisutdelning?

Jag höjde pistolen igen och sköt, orkade inte stå så länge som de andra. Det blev inte heller alltid mitt i prick.

Varför gjorde jag det själv? Det hade väl blivit en vana. Från början fanns syftet från 1940: vara beredd när invasionen kom. Först ”skjuta ryss” sedan ”skjuta tysk”. Numera gick jag rätt liknöjt ner här i källaren en gång i veckan. Det där löjliga plopp – plopp – ploppopp hörde jag redan i trappan. Och så bakom det ett svagt mullrande av pneumatiska borrar. Man höll på att spränga ett skyddsrum alldeles intill i berget och arbetarna jobbade i skift dygnet om för att få det färdigt i tid.

I tid för vad då?

Skulle det någonsin komma att användas? Skulle jag någonsin få användning för mina färdigheter i prickskytte som hittills bara tagit sig uttryck i bronsmärke, en och annan ful tennbytta och en brödbräda med nysilverkant och namninskription. Man sköt för att kunna skära sitt dagliga bröd!

Stora karlar som sköt till måls med instickspipa i en källare – det var på något sätt en illustration av en nödtorftigt väpnad neutralitet.

Bredvid mig stod en stor kraftig karl, rätt fet. Han var alltid där och han sköt alltid bara fem-ettor. Nu lyfte han armen, stod så i flera minuter, sen lade han ifrån sig pistolen på räcket, stack händerna i fickorna och tittade på de andra, småpratade med dem. Han hade gott om tid.

Mekaniskt matade jag in den sista serien i magasinet och såg på dem. De var klubbkamrater, kände varandra allihop, jämförde sina resultat, dunkade varandra i ryggen och berättade skyttehistorier. Jag hade aldrig varit på klubbmiddag, kände ingen och var lika utanför här som för det mesta annars. Jag bara gjorde likadant som de fast med annat syfte. Inget syfte alls kanske. Ragnvald skrattade åt mig för denna besynnerliga hobby.

Var och en sin beredskap! sa han.

När jag lyfte armen igen kände jag hur trött jag var, armen darrade och ärtorna spred sig som en dusch över den vita tavlan därframme. Det var kvavt härnere och jag hade sovit dåligt som alla nätter numera.

Nästan varenda natt ringde Ragnvald mitt i natten och kom upp därför att han inte stod ut att vara ensam. Han höll mig vaken med sin ensamhets ångest i flera timmar tills jag äntligen lyckades få i honom ett starkt sömnmedel.

– Ja, var så god, jag är färdig.

Jag drog mig åt sidan för näste man i kön, gick fram och tog min måltavla, lade in pistolen i hölstret och hölstret i portföljen.

I dörren såg jag tillbaka in i källaren med den grådaskiga belysningen: där stod de vid träräcket och sköt helt lugnt och snackade som om de inga bekymmer hade. Ingen ångest. Plopp – plopp – ploppopp. Jag gick uppför trappan följd av samma fridfulla ofarliga plopp – plopp – ploppopp. Så gled dörren igen och det var tyst. Bara mullrandet från borrarna i bergväggen, huset skakade lite, det kändes obehagligt. På gatan slog vinterkylan rå emot mig och dimman böljade mellan husväggarna.

En blick på klockan: så bra, precis lagom för att hinna till självplågarnas tisdagsmöte, det vill säga Tisdagsklubben som av neutralierna benämndes självplågarklubben. I kväll var det Ragnvald Lundström som skulle tala, hans specialitet var Sveriges neutralitetspolitik. Just det ja – nog var jag väl lite löjlig som han sa med att hålla på med mina krigiska övningar. Aldrig skulle jag komma att skjuta på en fiende, någon fiende alls, aldrig stå bakom skorstenarna på ett hustak och skjuta prick. Ändå fortsatte jag att gå här, av ren envishet. För att göra något som ingen annan gjorde. Ingen annan självplågare var medlem av någon pistolskytteklubb och ingen söndagsskytt var medlem av självplågarklubben. Bara jag själv var en löjlig medlem av båda. Att vara aktiv medlem av endera klubben vore mera mening i. Splittra sig var tecken på svaghet.

Det var utrikesministern som med neutralisk esprit hade hittat på den officiella benämningen självplågare och den tilldelades sådana som inte i allt ville rätta sig efter och vörda Sancta Neutralitas, sådana som tyckte något. Det hände ofta att de som tyckte något burades in eller skuggades eller avlyssnades. Det var de som skämdes över att den ihållande sydliga vinden hade sådan makt över alla ytterplagg, från kungamantel till paletå. De vill inte böja sig för det kvarliggande högtrycket över Europa.

Klubben hade sina möten en trappa upp i ett gammalt hus vid en smal gata i centrum. Sorlet därinifrån hördes redan i trappan, ett ivrigt sorl som inte liknade plopp-plopp. Det var packat med folk i tamburen och jag måste tränga mig fram för att hänga upp kappan på rockhängarna som bulnade av fuktiga ytterkläder.

På bordet vid dörren låg travar av oppositionstidningar, konfiskerade böcker och böcker som väntades bli konfiskerade och som man hade tillfälle att försäkra sig om innan de blev konfiskerade. Böcker som var viktiga, som gav oss den information vi hungrade efter och glatt slickade i oss. Här en lista: *Sanningen kryper fram* – om smusslet i Sverige; *Från Clausewitz till Liddell Hart* – om nazisternas stridsmetoder; *Samtal med Hitler* – en f. d. nazists avslöjanden; *Jag valde friheten* – bort från Stalins Ryssland, fast det ville alla inte riktigt dra fram; *Kriget i Norge* – efter 9 april; *En stormakts fall* – Frankrikes sammanbrott, helig skrift i la résistance; *Lidice – nazisternas utplåning av en tjeckisk by; Nazismen i Sverige* – kartläggning av det svenska samhället; Möllergaten 19 – Gestapo i Norge.

Och så alla tidningarna: *Nordens frihet, Trots allt!, NU, Arbetaren, Federalismen.*

Bokförläggare Johan Hansson han som vågade, han stod själv vid bokbordet och myste som om han sålde jultulpaner. Förutom att han var motståndsman var han en skicklig förläggare och förlaget var ju natur – också.

– Bäst att passa på, menade han, vilket tillfälle...

Med tiden fick självplågarna ett imponerande beredskapsbibliotek.

Bredvid Kultur-Johan stod grevinnan Amelie, hon som hade tagit initiativ till klubben tisdagen den 9 april 1940. Det var klubben för motståndet in spe, en klubb för att vi skulle vara beredda när något hände.

Om något hände. Grevinnan visste besked. Hon hade varit internerad i Italien 1915. Hon hade upplevat fascismens födelse. Hon hade vaksamt sett vad som pågick i Sudeterna där hon bodde. Hon hade varit med i Tjeckoslovakien 1938 och 1939 såg hon Hitler marschera in i Prag. Hon hörde till dem som hade varnat och varnat, skrivit och skrivit. Hon stod där i den trånga tamburen och log och välkomnade, hon var som hönan som skyddar sina kycklingar under sina vingar. Hon liknade damerna på Skagen i sin svepande klänning med vida kjolar och det lättsinnigt uppfästa håret som fladdrade ner i testar runt det vänliga rosiga ansiktet. Hon välkomnade alla, även dem hon inte kände. Hon var verkligen en varm spiselhäll att luta sig mot.

Nu skrev jag bara mitt namn på deltagarlistan. Inga obehöriga ägde tillträde, ej heller judar. Det var, sades det, för att polisen inte skulle ha något att slå ner på, men om fruktan för polisen var berättigad var osäkert. I den neutrala atmosfären på censuren hade det talats med ett visst löje om den stackars barnsliga klubben som bestod av betydelselösa svärmare. Var det så? Eller var det övervakningens korrumperande känsla av makt?

Jag klämde mig in genom dörren. Nästan alla platser var upptagna vid långborden där beskedliga kaffekoppar och ramlösa stod framsatta på pappersdukar. Jag nickade åt några bekanta och skyndade mig att lägga beslag på ett par platser nederst vid ett av långborden.

Proppfullt var det alltid därinne i de tre rummen där skjutdörrarna var fråndragna för att lokalen skulle bli så stor som möjligt. Vi satt ändå på varandra, på golvet och överallt

Amelie Posse.

och luften blev allt tjockare av tobaksrök och förväntansfull ångest.

Var det betydelselösa svärmare?

En sak hade de gemensam, alla de som samlades i dessa rökiga lokaler till moralisk upprustning en gång i veckan, alla dessa kvinnosakskvinnor, omvända högerpublicister, liberaler, f. d. kommunister, akademiker och lyssnande anonyma – de skämdes. De ville göra vad de kunde för att övervinna skammen och skaffa upplysningar och sprida upplysning. Också vara beredda om det gällde, eller snarare verkligen vara beredda. Man trevade i töcknet, dunklet – man kämpade mot något ogripbart, något som inte betraktade dem som ett motstånd att räkna med. Det var verkligen böjgen man försökte gripa fatt – hal som en ål.

Men det var återigen samma sak: vi upplyste oss själva; de som behövde upplysas stod utanför. Ville inte upplysas. Ändå var här en gemenskap, en kärna av tro och vilja. Bara att det mest liknade kamp med träsvärd och kaskar av tidningspapper när det inte gällde liv och blod.

Ordföranden för kvällen knackade i bordet och reste sig och det blev tyst. Med vänligt allvar öppnade han sammanträdet, han kallade de närvarande ”vänner” och önskade dem välkomna. Det var en rätt lång och kraftig man med vågigt brunt hår som alltid föll ner i en lock över den höga pannan, alltid med ett förbindligt, en aning ironiskt leende som en arkaisk skulptur. Med sitt sydsvenska idiom verkade han en aning trög, men han var en orubblig klippa av motstånd; mot hans leende strandade alla påtryckningar. Han talade långsamt, med akademisk pondus, liksom sökande efter ord som skulle gripa. Det behövdes knappast, vi var redan gripna, allihop. Under de gångna åren hade det funnits anledning nog. Ändå kom jag på mig att snegla på grannarna, ett par äldre kvinnosakskvinnor med bistra miner, utan make up, mungiporna nerdragna som krocketbågar, för att se om de var vederbörligen gripna. Jag märkte att andra tittade på sina grannar på samma sätt. Också hit hade den smygande misstänksamheten spritt sig.

Så fick jag syn på Matts dystra ansikte i dörren och vinkade åt honom. Han ljusnade lite och kom snabbt över till mig.

– Kommer inte Ingrid.

– Nää hon måste vara hemma och amma. Så jag vågade mig hit ensammen fast...

Han grinade. Just det ja, fast han var... nåja, inte helt arisk.

Ordföranden började med att inskärpa hur viktigt det var med sekretessen och kungjorde sedan några meddelanden om beklagliga eftergifter; rättsosäkerheten spred sig i Neutralien, folk blev inburade, skuggade eller avlyssnade. Så följde några andra inlägg. En jurist framhöll att detta vore början till rättsröta, Sveriges grundmurade anseende som rättsstat med omutliga ämbetsmän var redan anfrätt. Andra påpekade de ständiga tyska överflygningarna av svenskt territorium på vitala punkter, sänkningarna av tyska trupptransporter på svenskt vatten, konfiskeringarna av tidningar som hade skrivit om de för några veckor sedan timade arkebuseringarna i Norge. Och att tyska desertörer sändes tillbaka över norska gränsen till en säker död. Som kanske inte ens var riktiga tyskar!

Så var det. I det samma mindes jag Hausherr, den österrikiske trädgårdsmästaren. Det var i april 1940 när jag satt på censuren. Han ville inte vara med i Norge längre. Han gick över gränsen vid Björkliden. Han blev fast. Han utlämnades till arkebusering. Vi var många som kommit att tycka om Hausherr de där första aprilveckorna: hans muntra småprat, hans ökande olust över vad som hände, hans glädje över att ha klarat sig, hans förtvivlan när han förstod att han inte fick stanna i Sverige. Vi var många som kände ett sting i hjärtat för Hausherr.

Ja, det här får vi höra mer om i kvällens föredrag, sa ordföranden stillsamt, jag vill bara nämna att försvarsministern har sagt att vi inte ska låta sådant påverka våra nerver så att vi gör oss skyldiga till överdrifter. Han har också sagt att det nordiska samarbetet, som klokt nog bör ställas på framtiden, endast kan byggas på den utrikespolitiska neutralitetens grund. De ledande tycks inte kunna fatta att neutraliteten inte är ett politiskt mål utan ett politiskt medel. Temat är detta: var du bara neutral, säger Frida, var du bara neutral intill din död.

Han log lite spydigt.

Matts viskade: Du ser hur muntert det är. Du som alltid hoppas att det ska bli annorlunda. Precis som Ingrid.

Jag knuffade på honom. Matts stoppade eftertänksamt sin pipa och tände den; det stack till i mig; piprökarens gester, Ragnvalds gester.

– Du såg att jag fick rätt. I september sänkte tyskarna över en million ton. Skulle inte Ragnvald tala i kväll. Har han kommit?

– Neej...

I detsamma sa ordföranden: Kvällens föredragshållare har just ringt att han är försenad. Medan vi väntar ska vi be några vänner här – vi känner oss hedrade för att de vill betrakta oss som sina vänner – att tala lite till oss. De har just kommit från Norge...

Flyktingar kom från många olika länder – det fanns ju bara två neutrala stater i Europa förutom diktaturerna i sydväst – men mest var det medlemmar av broderfolken. De här norrmännen hade just flytt från Trondheim där tjugofem personer hade arkebuserats som gisslan för sabotage. Utan dom och utan uppgift om sabotagets art.

Klubbens medlemmar lyssnade fromt till flyktingarna

som berättade sakligt och enkelt. Man visste att detta var ingenting mot allt vad som verkligen skedde vid Victoria terrasse, vid Möllergaten, på Grini och så vidare... Det visste också flyktingarna som ofta verkade besvärade över att bli mottagna som hjältar av dem, som ännu stod utanför deras gemenskap men så gärna ville dela den.

Flyktingarna var ett ömtåligt kapitel. De medkännande neutrala kunde ibland verka som en sorts begravningshyenor. De suckade och skakade på huvudet och talade till varje flykting som om han stod lik i samma rum eller just förlorat alla sina anförvanter på ett smärtsamt sätt. Kanske var det så, men de stackars neutrala sympatisörernas dilemma var att de inte visste hur de skulle uppträda för att inte vara taktlösa. Följden var att flyktingarna ofta tyckte att de var ganska odrägliga. Sympatisörerna var inte brutala som de många som såg flyktingarna med ovilja och högt sade att bostadsbristen berodde på alla flyktingar och att de tullade svenska folkets knappa kafferansoner. I stället hade sympatisörerna för mycket av salvelse. Man förstod inte flyktingarna, kunde inte förstå dem.

– Somliga svenskar är nästan chockerade över att flyktingarna vill roa sig, sa en norska en gång till mig. Men det är som med soldater på permission. De brukar roa sig, något som alltid har chockerat de hemmavarande som tar emot dem med tårar i ögonen. Därför går de hellre på banala nöjeslokaler och danshak. Helt enkelt för att roa sig. Det behöver varenda människa.

Så var det för dem som ännu hade något att kämpa för. Men det fanns också flyktingar som inte längre hade något att kämpa för. Att också de hade en osynlig mur omkring sig som inte kunde överklättras, det märkte jag när jag träffade Soledad. Också Soledad tillhörde den stora gemenskap vi neutrala stod utanför. Om vi i Sverige satt på parkett och beskådade det brinnande Europa, så hade den spanska flyktingen Soledad en egen loge där hon var oåtkomlig. Ibland skymtade en glimt av ironi i de svarta ögonen: som om Soledad tänkte: Du talar om vad du inte vet.

Hon såg samma skådespel som jag, samma skådespel där hon hade spelat med i Madrid, men för henne var allt slut. Soledad var ordknapp om sina upplevelser. Någon enda gång sa hon bara: Vi tillhör verkligen den förlorade generationen.

Vi kunde inte förstå flyktingarna för att vi inte förstod det som låg utanför vår erfarenhet. Det jag förstod var att Soledad var en ensam människa som frös här uppe i norr.

> Soledad var spansk lektor vid högskolan, utsänd av republiken, strax före sammanbrottet. Hon bodde hos ministern Isabel de Palencia som i sin tur måste lämna Sverige, medan Soledad blev kvar i en fattig och ensam tillvaro.

Ibland tyckte jag att sammankomsterna på klubben liknade bönemöten där man stod upp och vittnade. Så skämdes jag och undertryckte snabbt min reflexion. Dessa möten var nödvändiga, för att vi alls skulle kunna andas. Man gick hem styrkt i sin själ och var motståndsman in spe. Åtminstone ville man tro det.

Ordföranden sa just att Utrikespolitiska institutets direktör var här och nu fick vi föredraget. Det klack till i mig när jag såg Ragnvald tränga sig fram till sin plats bredvid ordföranden. Han kom i alla fall. Flugan satt som vanligt på sned och han var rufsig, men verkade alldeles lugn.

I det samma mumlade Matts: Den här månaden har nassarna sänkt 1 035 000 ton.

Jag vände mig mot honom: Men de har gått i land i Nordafrika också. Och tänk på el-Alamein.

Han skakade på huvudet: el-Alamein ja – men det är långt

till Berlin.

– Du är aldrig nöjd. Man måste tro.

Han stoppade pipan igen och tände den: Ett slags mystisk tro – precis som Ingrid.

– Den rätta sidan måste ju vinna.

– Rätta sidan ... mumlade han tankfullt.

Jag blev otålig fast jag visste att han bara ville tro det värsta för att inte bli besviken.

– Just rätta sidan – den som har rätt. Men tyst nu ...

Föredraget gällde Sveriges neutralitetspolitik under kriget – ett föga uppbyggligt ämne. Ragnvald tog till orda:

Det hade börjat med sabotaget mot frivilligrörelsen under finska vinterkriget – detta epos av mänsklig heroism i omänsklig köld, kanske världshistoriens sista epos. Det hade fortsatt med resetrafiken – också ett av tidens nya ord som skapats för ändamålet.

Landet frättes upp inifrån. Transporterna av tyska soldater, utvilade permittenter som ersatte de slutkörda, fortsatte år ut och år in att rulla genom landet inför alla de inkallade beredskaparnas blickar, de som var pliktiga att värna fosterlandet. De svenska beredskaparna såg hur främmande soldater åkte i bekväma ljusa vagnar, medan de själva stuvades i kalla godsfinkor med halm på golvet. Inga främmande soldater hade fått resa genom landet till Finland. Den där resetrafiken störde ingen, hade en chefredaktör och riksdagsman sagt, de gick ju på nätterna ...

Gästfriheten hade annars blivit stor i landet. Det var gott om tyska turister. Sverige var en lugn plats, en kurort där man kunde semestra och slippa ifrån mörkläggningen hemma. Det talades främmande språk, ty Sverige var en viktig central för de krigförandes kontraspionage.

Hur reagerade Sveriges tappra folk som ingen vredes åska slog? Barnsligt, hjälplöst genom att spotta på tyska resebyråns fönster eller slå ut rutorna eller halvhögt säga ”fy fan” när man hörde tyska talas. Vi var som rasande barn, instängda i en barnhage.

Men Sverige kunde också brukas till något mer än kurort, autostrada för resetrafik och spioncentral. Där fanns gott om folk som sökte och fann en ny auktoritet, som ville leva i pakt med tiden, med Ödet som skulle bära dem mot en framtid av lycka i det Nya Europa, Neuropa.

I detta gamla land som inte hade haft krig på över hundra år fanns det ändå gott om kamplystna entusiastiska ungdomar som ville bära pamp och karolinska stövlar. I sin juvenila fantasi svärmade de för vikingatåg i Österled, fast det numera hette korståg. Det gällde inte det kristna korset utan dess vanskapta förvrängning hakkorset. Varför skulle de inte få utlopp för denna hänförelse som höll på att förkvävas i den neutrala atmosfären?

När det gällde värvning av frivilliga föreföll det som om myndigheterna försagt plockade på en prästkrage; får – får inte – får. Till Spanien fick de inte, till Finland fick de, med tvekan, till Norge fick de inte.

Och nu – kanhända skulle de ha fått i smyg, annars kanske lejdbåtstrafiken hade strypts söderifrån, och hur skulle det då ha gått med det dagliga brödet i Neutralien? Men saken sprack innan de energiska värvarna med löften om nya vikingatåg hade hunnit få några större skaror rågblonda blåklintsögda mannar för Waffen SS.

Den gången var det faktiskt Självplågarna som gjorde skandal och ställde till med ett sådant gny att de styrande inte kunde vara förströdda. Deras egen kraft ej hjälpa kunde, men det visade sig att nu var Självplågarna de rätta männen och av dessa stod de stödda. Det kvarliggande högtrycket från söder försköts långsamt och upplöstes tillfälligt, medan en luftström väster ifrån spred sig över östra Skandinavien med måttlig, vid kusten delvis frisk vind.

Jag vet inte om vaktmästar Karlsson på tyska legationen

var rågblond och blåklintsögd men han gick med Waffen SS i österled.

Han kom inte tillbaka. Heil Hitler – Durchlaucht, hier spricht Karlsson.

Medan jag lyssnade till den sortens föredrag lät jag tankarna vandra andra vägar.

Folket, alla de små anonyma, försökte under tiden som allt annat pågick reparera landets dåliga anseende. De kunde kanske inte så mycket, de deltog inte i fina sammanträden och hade inte alltid reda på vad man borde tycka. Men de samlade och samlade och stickade och sydde och arbetade in dagsinkomster för att skicka till dem som led i andra länder. I sina konsumhem tog de emot barn och flyktingar och de delade med sig. De fick kanske medaljer – alla över en kam – som de andra, de som syntes, ordnade med. Men de stilla i landet gjorde det inte för medaljernas skull utan av ren sentimentalitet. De tänkte på människorna och hjälpte till att lätta ett nödläge som ingen konferens i världen någonsin lyckats med.

Folket hade upptäckt en Situation.

Det blev stora siffror som de styrande gärna nämnde offentligt.

– Där ser du att det gick fint, sa Ragnvald.

– Javisst, strålande.

Jag såg på honom där han satt i soffan och stoppade sin pipa, tände den och drog ett bloss.

– Du ser ju att du inte behöver oroa dig, allt är ju klart nu... Men jag är rätt slak. Jag skulle behöva något som piggar upp. Har du ingen gin hemma.

– Nej.

Det kom för fort.

– Joo, du, skrattade han. Det har du. Men du är rädd. Du behöver inte vara rädd. Jag vet precis. Ge mig ett litet glas, det ska bli så litet, det ska du få se.

Den vanliga striden – jag orkade inte. Det gick runt i huvudet på mig av trötthet. Han envisades och till slut gick jag till skåpet i kokvrån. När jag kom med flaskan och två glas såg han upp. Ögonen var muntra och alldeles klara.

Sen blev det mörkt. Och tungt och ångestfyllt.

Man måste verkligen ha tro för att släpa sig igenom alla dessa mörka kalla år när Nordpolen andades sin förlamande kyla ner över världen och land efter land krossades i svindlande fart. Tro – inget annat än absurd tro kunde hjälpa.

Tro var också det enda man hade haft tills landstigningen i Nordafrika kom. Då blev alla optimister, även de som inte hade trott, även de som hade struntat i vad som skedde, även de som ville böja sig för Ödet. Alla märkte plötsligt att vinden kom från väster och den blåste så ihärdigt att alla ytterplagg måste blåsa med från arbetsblus till paletå.

Själv hade jag äntligen fått en fast plats. Jag flyttade från gamla NU till Utrikespolitiska institutet. Äntligen en plats som jag var stolt över, där jag kunde utföra ett nyttigt arbete. Vi var inte många, fem personer med de snälla kontorsflickorna och den skärpte springpojken. Men grundaren drömde om en framtid för sitt institut.

Jag katalogiserade det sakta växande biblioteket, jag hade hand om studiecirklarna, jag fick varje dag besök av Bruno Kreisky som jobbade på Konsum mitt emot och gillade en daglig skvallerstund. Han var munter och sarkastisk. Andra flyktingar kom också. Akademiker från broderländerna. Ibland Willy Brandt.

Utrikespolitiska institutets chef, Ragnvald Lundström.

Ur fickalmanackan 1942

16 januari — Skrivit en artikel om Mexico under kriget – varför det egentligen? Kanske för drömmen om ett drömland där någon levde som ett ljust förkrigsförflutet.

18 april — Presskonferens med Günther som förmanade och förmanade som vanligt. Gnällig som vanligt. Samma megafon från utrikesdepartementet och Informationsstyrelsen och rädda chefredaktörer. Som vanligt.

3 maj — Sköt mig till bronsmärke på pistolskyttet.

13 maj — Publicistklubben – utmärkt föredrag av envoyén Einar af Wirsén om det politiska läget. Sedan allvarsglatt kåseri av Karl-Gerhard.

30 juni — Tisdagsklubben, "Ohyggligheterna i Polen."

Något senare fick jag i min hand ett litet häfte, gula bokstäver på svart botten, kanske en femuddig stjärna. Första gången jag fick veta något om judeutrotningarna – det vill säga: det var då, den gången, tror jag. Detta som förnekades i det längsta.
Man höll för både öron och ögon – ingenting se, ingenting höra.
Varken tåg eller skrik.

16 september — Utrikespolitiska institutet flyttade till de nya lokaler som Stockholms stad hade upplåtit. Hela personalen firade med en glad middag på Göta Källare.

Interiör från Utrikespolitiska institutet från 1940-talet, då både Eva Alexanderson och Ragnvald Lundström arbetade där.

13 oktober	Invigning av Utrikespolitiska institutet. Lyckat – utom Günthers tal som var ovidkommande och Undén som var för långrandig.
19 oktober	Den ”Inre cirkeln” – innanför Tisdagsklubben fanns en liten grupp dit judar ägde tillträde. Där fick man särskilt hemliga upplysningar. Rabbinen Ehrenpreis talade – bra. Jag förstår.
1 december	Köpte fem diktsamlingar – läser lyrik.

Samtal om natten

1943

Professor Tingsten tittade upp i taket med bistert hopknipen mun så han fick små gropar i de släta runda rosenkinderna; så formulerade han den sista frasen i sin översikt av ”Lend-lease och interallierat samarbete”, som jag hade knackat ner efter hans diktamen.

– Nej nu går vi, sa han sen och slängde cigaretten. Vi kan inte låta dem sitta på krogen och vänta längre.

Med överraskande lätthet reste han sig ur sin bekväma länstol, medan jag drog sista bladet ur maskinen och makade undan boktravarna på skrivbordet för att granska artikeln. Utrikespolitiska institutet hade startat en presstjänst för landsortstidningarna för att bemöta den tyska propagandan och sprida objektiv upplysning. Ibland tjänstgjorde jag som sekreterare åt somliga författare, som inte själva kunde hantera en skrivmaskin. Som professorn till exempel.

– Vi struntar i korrigeringen, det kan du göra på institutet sen, sa han. Det är ju väl att den är skriven i alla fall, så kan vi med gott samvete supa opp pengarna. Jag är törstig.

Jag måste skratta: han såg oändligt belåten ut.

Han var alltid törstig och då ville han ha sällskap, vilket i och för sig var tilltalande, en reminiscens från studenttidens dryckeslag. Liksom i de flesta akademikers andliga habitus kunde man hos honom finna ett rudiment av studentens sinne för convivier – på en gång intellektuella lag och dryckeslag. Naturligtvis hade den dialektiska skärpan i bordssamtalen på ett fascinerande sätt finslipats med åren liksom spritdryckerna hade fått finare och dyrare etiketter, men hela företeelsen levde kvar som en charmfull och rörande atavism.

Att han alltid var törstig eller hungrig hängde antagligen ihop med hans enorma vitalitet, hans enorma intellektuella aptit och enorma aptit på människor. Under tiden räknade jag snabbt de maskinskrivna bladen och lade dem i portföljen. Jag såg beundrande upp på professorn som stod mitt i biblioteket med bakåtkastat huvud och fundersamt drog i sin fluga. Den vanliga dräkten: mörk kavaj, röd fluga, blå skjorta. Jag blev alltid full i skratt när jag kom in på hans seminarier på högskolan och framför mig såg ett tjog unga licentiander alla klädda på samma sätt och i samma attityd: mörk kavaj, röd fluga, blå skjorta, på vintern röd pullover, alla med huvudet på sned, lyssnande, och ena benet framsträckt. Jag tyckte att de liknade pingviner fast i annan färg, lite högtidliga. Jag brukade tänka på honom som ordförande i Pingvinklubben.

Inte så underligt att de alla tog efter, i klädsel och stil. Ingen som träffade honom kunde undgå att komma under hans inflytande. Han övertygade alla med sin dialektik, han klubbade ner alla med sina teorier – därför skyddes han av dem som själva ville ha rätt – men hans synpunkter hade alltid samma magiska kraft, även om det kunde roa honom att försvara rakt motsatta åsikter från gång till annan. Han hade en sällsam förmåga att i ögonblicket göra allt kristallklart och smula sönder motståndarens argument. För resten måste man tycka om honom, inte för att han var någon stilig karl, men han hade en varm och vänlig och samtidigt skarp och intresserad blick, och han var känslig som en kvinna. Och han var också intresserad så länge det varade: han förbrukade nämligen människor som en vacker kvinna

Herbert Tingsten, dock ej från 40-talet.

kan förbruka män, fort och obarmhärtigt. Liksom hon är lysten på parfymer och lyx var han lysten på quinta essentia av kunskap och intellektualitet. Men de flesta fann han enfaldiga och grumliga i huvudet.

Från sin synpunkt hade han säkert rätt. Av sentimentala skäl, brukade han säga, gjorde man sig ofta inte av med människor som hade fyllt sin funktion i ens liv, liksom man själv i deras. Förbindelsen borde upphöra. I stället släpade man dem med sig i långa år som dödvikt, tills man slutligen blygdes för att beröra vad som angick en. Antagligen var det feghet att inte vara grymt oskyldig som professorn.

– Jag är färdig, sa jag och lade huven på skrivmaskinen.

– Det är bra. Kom då.

Det var en av de kalla krigsårens heta julikvällar. För en gångs skull hade professorn samtyckt till en fotvandring, eftersom vägen var så kort och det var varmt. Lindblommorna doftade utmed trottoaren och insekterna sirrade uppe i kronorna över våra huvuden.

– Det är skönt i kväll, sa professorn som annars saknade sinne för naturen. Det är sådana här kvällar man slappnar av, om det inte vore för det förbannade kriget. Det är tråkigt att min fru är bortrest, jag känner mig alltid halv när hon inte är med, tillade han tankspritt. Ja – det är skönt, det är sådana här stunder man kommer ihåg. Jag undrar om det finns några sådana där absoluta ögonblick i livet som alltid står kvar och inte undergår inflation, sa han sen utan övergång. Har du tänkt på det?

Jag svarade inte genast. Jag njöt av att kunna andas; det kändes inte så tungt som under de kalla vintrarna när jag drogs med min astma. Luften var torr och varm och jag drog in den i djupa tag. Lindblomsdoften verkade svagt berusande och väckte ett minne från Paris till liv. Nu kom professorns ord mig att tänka på en absolut estetisk upplevelse, som en spelande vattenkonst i belysning, kanske inte enbart estetisk för resten. Men det var för abstrakt. Hettan och lindblomsdoften förde till mig vetskapen om att det hade funnits andra absoluta ögonblick som kanske inte undergått inflation. Men de var som ett infruset kapital, en skatt nergrävd på en hemlighetsfull ö.

– Jaa, sa jag dröjande, som om jag talade till mig själv. Det finns det. Jag minns en upplevelse som... Menar du estetiskt eller erotiskt för resten?

– Äsch, sa han otåligt, erotik och sånt där – det är sånt som man kan hålla på att arbeta med i ungdomen.

Naturligtvis – varken det ena eller det andra. Det måste vara rent intellektuellt. Professorn tittade skarpt på mig med sina små livliga blåa ögon och lade huvudet på sned. Så stannade han och tände en cigarett, släppte stickan på gatan och trampade eftertänksamt ut den.

– Erotik, erotik, sa han, den väger fjäderlätt. Varenda människa har haft någon ungdomsupplevelse av viss kvalitet. Det tillhör puberteten. Det är sådant man kan tänka på när man blir gammal och impotent, lite överseende. Man blir ett slags voyeur. Ja, för de svältfödda förstås...

Vi kunde inte mena detsamma. Jag tänkte på hur tusentals svältfödda kvinnor var tvungna att livnära sig på essenser i stället för på fruktsafter, gick på bio i ensamheten och var voyeurer och läste kolorerad veckopress, hade syjunta på lördag. Kanske till och med spelade bridge – helt djärvt i borgerligheten.

Han fortsatte fotvandringen: Det där är bara jolt. Sentimentala ungdomsminnen för dem som är kvar på ett juvenilt stadium. Det är för dem som dåliga filmer och veckopress är till. För resten är kärlekspsykologi tråkigt – nåja, som psykologiskt studium har den sitt intresse som annat. Men inte för fullvuxna människor. Fast om det är intelligent gjort... ta en bok som *Adolphe* till exempel. Eller *Madame Bovary*. Man ser dem utifrån som fiskar i ett akvarium, hur de beter sig. Samtidigt blir det en social analys. Men det är inte erotiken i sig, det är analysen, erotikens uppgift är att så att säga färga analysen ...

Jag blev generad. Jag hade hållit på att säga en dumhet, en sentimental dumhet, och det var det mest genanta som kunde hända en när man umgicks med professorn. Fast nyss hade han sagt något helt annat. Anade han att han motsade sig själv i sitt liv, i sitt omedvetna liv och sin medvetna intellektualism. Vad han fick utan att anstränga intellektet sysselsatte han sig inte med och vad han inte sysselsatte sig med underskattade han. Just därför underskattade han dess betydelse.

– ... stora kärleksromaner som man grips av finns knappast, fortsatte professorn. Helt naturligt, därför att där saknas så mycket som finns i livet självt. Kärleksromaner är verklighetsförfalskningar därför att de utesluter allt annat. Det är som att renodla en färg. Författaren låter kärleken leva i ett lufttomt rum, det gör den aldrig i verkligheten. Men de absoluta ögonblicken, sa han lite frånvarande, det är något annat, därför att de måste höja sig över kroppen. Det är rent intellektuellt, ett ögonblick av absolut intellektuell tillfredsställelse som inställer sig när man löst ett vetenskapligt problem. Då känner man sig som Gud...

Jag måste skratta. Ibland var han verkligen poet.

– Somliga tycker att Gud borde ingripa när allt är så jävligt. Det kan han ju inte eftersom han inte finns. Det får människan greja själv och det kan hon inte eftersom hon är ond.

– Vore hon god så vore det ju inget problem, menar du?

– Just det.

– Och om han ingrep – var är då den fria viljan? Alltså: han finns inte eller är vanmäktig och då är han inte Gud.

Kanske inte allt detta var med just den gången, det var reminiscenser från tidigare kollokvier som kom för mig i efterhand. Men det var sånt som drällde över krogborden i sällskap med Herbert Tingsten och hans likar.

– Nå, sa han och sköt upp dörren till restaurangen, här är det ju.

Vi tågade över matsalsgolvet och mottogs av jubelrop av de tre andra som satt vid ett fönsterbord och väntade. Allihop pratade vi i mun på varandra ett tag innan vi kunde slå oss till ro på vår pinne för kvällen.

– Äntligen, sa Ragnvald, det måtte ha blivit en lysande artikel.

– Självfallet, sa professorn. Vi har strävat och nu förtjänar vi uppmuntran.

– Har du varit objektiv då, muttrade Matts dystert. Du har förstås framställt allting bättre än det är nu med alla de här sänkningarna. Tyskarna sänker ju hundratusentals ton dygnet runt.

Ingrid skrattade. De nötbruna ögonen glittrade mot solbrännan.

Matts kan inte tänka annat än i ton, dödvikt och bruttoton.

Jag satt bredvid Ragnvald och såg på honom och Matts: de tillhörde också Pingvinklubben hur olika de än var. Ragnvald med sitt yviga blonda hår och det glada leendet; det var något av glittrande sommarfjärd över honom. Matts med sitt långlagda dystra ansikte och det bruna håret som alltid hängde ner i en test över pannan. Men fluga och blå skjorta hade de, fast pingvinens sommardräkt var grå kavaj.

– Vad ska ni ha, sa Ragnvald när hovmästaren kom, prydlig i frack som i fredstid. Vi har tagit haricots verts à la Mornay som vanligt, det är ju det enda som är kupongfritt. Ifall ni inte vill ha côtelette de blaireau förstås.

– Blaireau? Vad är det för något? sa professorn misstänksamt. Det trodde jag var en rakborste.

– Blaireau betyder grävling, upplyste jag filologiskt.

– Grävling! Se där, det är en rakborste. Det smakar väl som det luktar på Skansen.

Alla skrattade utom den mjukryggade hovmästaren som bara drog på munnen och försäkrade att det var en förträfflig anrättning.

– Nej, jag ska ha kött, sa professorn och plockade fram ransoneringskorten ur plånboken och lämnade ifrån sig de köttröda kupongerna. Va – ska ni ha nästan hela kortet! Nåja, suckade han.

De bestämde sig och pysslade med de perforerade korten och rev av små smörgula lappar för restaurangblandning och blåklintsblåa för bröd.

– Tror ni det nånsin blir som förr, sa Ingrid. Att man kan äta vad man vill. Det verkar otroligt. Fast...

Fast ändå satt vi och gnölade över att inte kunna få vad vi ville. Det blev något skevt över detta att man visste hur det var i världen och ändå beklagade sig över struntsaker. Men gnölade gjorde man.

I detsamma sa Ingrid: Här sitter vi och klagar och ändå vet vi att de ingenting alls har i andra länder. Det har vi inte rätt till.

– Men det är så förbannat tråkigt, sa professorn. Det är lika trist som att vara neutral. Det är så, förstår du, tillade han, vi vet allt så väl teoretiskt, men i praktiken förblir vi samma kverulanter när det går ut över oss själva. Man står inte ut med att vara patetisk jämt.

– Något att dricka, sa hovmästaren ritualenligt.

Javisst, vi beställde, knorrande över att spriten bara blev dyrare.

– Tyskarna i Norge köper brännvin av oss för 1:40 litern, sa jag.

– Hur vet du det? undrade professorn misstänksamt.

– Jag bara vet det...

Jag fick komplimanger för min nya klänning: den var av

körsbärsfärgad shantung och jag hade den på för första gången. Först blev jag glad – sen tänkte jag att körsbärsfärgad shantung hade de inte heller utanför gränserna.

– Allt blir väl annorlunda så snart det blir riktig fart på den andra fronten, då går det väl fort, var det någon som sa.

Det var sällan man talade om annat än kriget, åtminstone till att börja med, fast i det här sällskapet skedde det naturligtvis i förädlad form med kannstöperier, prognoser och lidelsefria synpunkter framförda med stundom stor intellektuell lidelse. Vi var verkligen lidelsefulla i vårt hopp och vår fruktan och det var stimulerande när man annars så ofta träffade människor som sade: Äsch, det där gamla kriget, det kan man väl och för resten är dom allihopa lika goda kålsupare, vi kan väl tala om nånting annat.

– Sen är det förstås det viktiga vem som hinner först till Berlin, menade professorn. För det är i Berlin som världens öde kommer att avgöras.

– Ja inte lär det bli anglosaxarna om det ska gå i den här takten, sa Matts. Förra månaden sänkte tyskarna 886 000 bruttoton...

– Matts ska alltid vara pessimist. Ingrid lade ifrån sig smörgåsen och bultade i bordet. Det är så man kan bli galen. Jag är säker på att han kommer att fortsätta med det ända till fredskonferensen. Varenda morgon väcker han mig med att tala om hur många ton tyskarna har sänkt.

– Det är ju det viktigaste, det underminerar det hela. Går tyskarna på i den takten kommer amerikanerna aldrig i kapp dem. I maj var det nära en miljon ton...

De immiga snapsarna stod framför oss och Ragnvald sa att nu skulle vi dricka. Vi drack och när jag satte ner mitt glas tänkte jag på vad Matts nyss hade sagt. Nära en miljon ton – det lät torrt, en viss mängd metall som sänktes i havets djup.

Men i verkligheten: mörklagda fartyg ute på ett mörkt hav, i låg fart med dovt dunkande motorer, en stöt, en pelare av eld som stiger uppåt, brinnande oljefläckar som breder ut sig över vattenytan, människor som simmar omkring i det iskalla vattnet, trevar förtvivlat efter något att haka sig fast vid, men ingenting flyter, metallen har sjunkit, de sjunker också...

Ingrid sa: En miljon ton – det står på en rad i tidningen, men allt som ligger bakom den raden, all ångest och död...

– Lysande, sa Ragnvald som hade läst igenom artikeln. Och så det där att tänka sig lend-lease som början till ett verkligt internationellt samarbete. Det är en fast grund. Genialt enkelt, som det enkla är genialt – ibland i alla fall... Jaha ja, lade han till efter ett tag. Du får nog tillfälle att skriva fortsättning om samtidens förbundsstater eller statsförbund... varför inte europeiska statsförbundet. Eller federation. Eller konfederation och så vidare. För det är detta det gäller. Det måste ju bli aktuellt. Nån gång.

– Det är alltid aktuellt, sa professorn. Som det är med viktiga saker. De förblir alltid aktuella. Fast de inte kommer längre för det, hm hm...

– Fast nog har man ändå rätt att hoppas på att det här organiserade samarbetet mellan stormakterna blir mer och mer organiserat och kan leda till en förnuftig organisering av världen efter kriget.

Men vi ville hoppas och vi kände oss riktigt upplyfta.

– Rätt att hoppas har vi väl alla – vars och ens ensak, fast...

– Sådant vill man ju alltid hoppas, sa professorn och grep sig an med sin biff. I ögonblickets optimism. Det är ju det som gör att man kan leva vidare. Givetvis skulle det kunna leda till något, om människorna vore förnuftiga. De flesta människor tänker bara på Europa och Nordamerika i kriget, men här gäller det Asien, Afrika och Sydamerika också, och rätt som det är kan demokratierna stå där som rödluvor framför den mysande vargen igen.

Teoretiskt sett, menade han, borde ett krig mot Ryssland ha blivit det mest populära under nya tiden. Det skulle ha kunnat göra slut på de osäkra tillfälligheternas välde och banat väg för trygghet med allmän välfärd och lycka. Den västeuropeiska demokratin var på det hela taget fast rotad... I den mån man ansåg demokratin vara en tillfredsställande samhällsform.

Jag läste just *Krig och fred* och tänkte att det var detsamma som Tolstoj för hundra år sen hade låtit Napoleon säga, men Napoleon hade fortsatt sin tankegång på ett mindre demokratiskt sätt. Skulle Hitler, folkens bödel, utan samvetskval och lika förblindad se tillbaka på vad han gjort, undrade jag. Jag kom att tänka på boken av Ferrero som jag översatte härom året och som Bonniers aldrig gav ut. Där fanns många analogier...

– Analogier finns alltid men några slutsatser går aldrig att dra, sa professorn, i synnerhet inte när hela 1800-talet ligger emellan. . Det blir aldrig något S:t Helena för Hitler... Nej, i det här fallet blandade Hitler bort korten. Det är möjligt att utvecklingen hade tagit en demokratisk väg om demokratierna hade utnyttjat chanserna som de var 1939. Även om förhållandena var eländiga.

Men de andra ville inte hålla med honom, arbetarna skulle aldrig ha gått med då. Efter kriget däremot, ansåg Ragnvald, skulle själva utgångspunkten bli annorlunda därför att motståndsrörelserna då hade bidragit till att demokratisera alla samhällslager.

– Överskatta inte motståndsrörelserna, sa professorn. I själva verket finns det inte mer än två procent motståndsmän i ett land liksom det finns två procent verkliga kollaboratörer. Högt räknat.

– Så du menar att de övriga 96 procenten är medlöpare eller anpasslingar?

– Det kan man kanske säga – eller obeslutsamma, halvhjärtade.

– Neej, sa Ingrid indignerad, då skulle det inte finnas motståndsrörelser i något enda land och de finns ju. De gör ju en insats.

– Motstånd uppkommer när det finns något att göra motstånd mot. Därför att alla har det jävligt. I kristid kan man inte vara så nogräknad om vilka som kommer med. Det är avigsidan på alla ideella rörelser av den sorten. Men att de skulle få något att säga till om efteråt är en illusion.

– Jag tycker du är otäck, sa Ingrid. Man måste väl tro på det som är bra.

– Det har jag aldrig bestritt, sa professorn. Men du vill att det ska vara fullkomligt så att du kan svära på det som på en frälsningslära. Men då garderar du dig inte för besvikelserna efteråt. Din åsikt är sårad idealitet.

Ingrid såg nedslagen ut och medan professorn ytterligare utvecklade sin åsikt om de förgyllda legenderna viskade hon till mig: Man måste ju hoppas, får man inte ha hoppet kvar så orkar man inte.

Ragnvald ansåg i alla fall att saken hade kommit i ett helt annat läge, det var gott hopp om Ryssland.

– Vi har ju Atlantdeklarationen, sa han. Och det blir nya allianser.

Hur kunde han tro på det, tänkte jag. Det var ju bara en papperslapp som alla andra fördrag. Sen sa jag det.

– Å, Ragnvald, det är då väl att någon tror, sa Ingrid. Jag blir så nere av all pessimismen.

– Häm, sa Matts och släppte en fimp i groggen som ett döende deplacement.

Ragnvald skrattade igen. Om man inte trodde så skulle ju inget tjäna något till.

De ville ändå gärna tro, om det så var en tro in absurdum. Annars kunde man inte orka som Ingrid sa. Ingen kunde i alla fall veta något med bestämdhet förrän man kom så långt som till fredskonferensen, om ens då. Men längre orkade de inte tänka: den dagen den sorgen...

Fredskonferens – vilket underbart ord, något som hägrade långt borta i en avlägsen okänd framtid. Så till vida hade pessimisten Matts rätt. I krig lovade man så mycket, man lovade alltid när man var i knipa, menade professorn.

Han sa: Sen gäller det vem man skall vara solidarisk med, partnern eller idéerna. Man kan inte vara solidarisk in absurdum. Det är precis som i det enskilda. Det är viktigare att vara trofast mot idéer än mot människorna, människor förändras, men idéerna är oföränderliga. En sann och god idé är mer värd än en dålig människa, en dålig partner.

Han var rätt skeptisk. Ingen skulle inbilla sig att Ryssland vore på väg att bli en borgerlig demokrati.

De kom in på förbundsstaten igen, det vill säga egentligen gällde det den nya skriftserien som Ragnvald hade startat och hoppades mycket på. Där var Tingstens Samtidens förbundsstater nummer två.

– Det är skönt att den här serien har kommit igång och nu är jag också äntligen klar med Pflegings Ostmark, jag menar Det tyska storrummet, just storrum var det – ja jo, den är nog bra, men tid har det tagit. Han är så enormt långsam och så enormt tysk, just det ja. Precis som storrummet...

Alla skrattade för så var det ju.

– Och apropå aktuellt, fortsatte Ragnvald, det finns en annan sak som också alltid är aktuell och fortsätter att vara det, fast förhoppningsvis kommer man något längre med det, jag menar mänskliga rättigheter. Nu har jag fått in manus från honom – Willy Strzelewics – att man ska ha såna namn – och det tror jag blir en fin bok, en viktig bok...

– Om det nu hjälper...

Ragnvald berättade att han var inkallad.

– Händelserna i världen kan avläsas på det antal personer det anses lämpligt att inkalla, sa han. Men vem är det man ska låta skjuta ihjäl sig för? Inte är det...

– Oroa dig inte, sa Matts, du får inte tillfälle att bli ihjälskjuten. Sverige kommer inte med i kriget, inbilla dig inte det.

– Ja inte tänker jag bli ihjälskjuten för de här rumpsittarna här hemma, som han där borta, den där flanören, kåsören...

Ragnvald riktigt eldade upp sig när han började tala om den stackars civilisten som satt vid ett bord lite längre bort. Det var mycket riktigt en sekelskiftesflanör, en av de få överlevande. I morgon var det söndag, men han skulle inte kunna tänka sig att resa från stan, han var ett stadsdjur som hade sin lega på krogen. Titta så fet och rödådrad han var – det låg många punschhalvor i de där solida nackvecken! Flanörerna blev aldrig solbrända lika lite som de företog sig några kroppsövningar – annat än makliga promenader, flanerier, ätande och älskande, också med maklighet. Egendomlig atavism, de flanerade och pratade – med? utan? djupsinne – åt middagar, satt på Rydbergs bar, "littererade"; somliga var ju faktiskt författare.

– I den där idyllen fanns det förstås eviga mänskliga problem, sa han, människor som var annorlunda. Men det verkar svårt att tro att den gamla goda tiden var allvarlig. De är borta, de där flanörerna, det där gamla gänget av positivister för det var de allihopa, men jag tror att de fått en sorts arvtagare i affärsmännen. Ja åtminstone när det gäller att gå på krog och hålla sig undan från den gemensamma verkligheten. Inte har jag lust att bli ihjälskjuten för dem. De är fega! Men jag blir gärna ihjälskjuten för en idé.

– Oroa dig inte, sa Matts, du får inte tillfälle till det heller även om det också är en mänsklig rättighet.

– Feghet, sa professorn tankfullt. Vi är väl alla fega. Jag erkänner gärna att jag är fysiskt feg. Frågan är bara om den fysiska fegheten inverkar på det moraliska modet, där ligger den springande punkten.

– Jag tror att modet är en fiktion, sa Matts. Det gäller bara vad man kan göra av en situation, man måste.

– Neej, sa Ingrid och klämde eftertryckligt sönder en cigarett i en överfull askkopp, jag blir galen på Matts. Man är väl ingen robot heller. Jag är säker på att modet finns.

– Skål, lilla idealist, sa Ragnvald.

– Robotar vore vi bara om det fanns en allsmäktig Gud – då skulle han ingripa och det gör han ju inte, fyllde professorn i. Det var vad vi talade om för en stund sen.

Men de kunde inte enas om saken. Framför oss svämmade askkopparna över och en ny omgång groggar stod halvtömda. Till slut ville Ragnvald att vi skulle dricka champagne för att fira att britterna hade hållit stånd vid el-Alamein och ryssarna i Stalingrad och det gjorde vi.

– Fast vad betyder det, sa pessimisten Matts, det är ju redan längesen, bara uppehållande strider. Och Rostov har fallit. Och många tusen ton har sänkts.

Den vanliga refrängen.

När vi långt ut på nattkröken satt hemma i min lilla enrummare med en flaska chartreuse som en lägereld på bordet i mitten hade vi hunnit fram till de nattliga samtalen om livet och döden.

Fönstret stod öppet ut mot den mörka sommarnatthimlen prickad av ljusa stjärnor och gardinerna fläktade svagt för luftdraget. En doft av rosor från balkongen kämpade förgäves med tobaksröken.

– Jag är rädd för att dö, bekände professorn modigt. Han lade benen i kors och lutade sig bakåt med cigaretten i munnen. Nu hade han kommit in på sitt favoritnattämne. Han blåste ut ett rökmoln och fortsatte: Att dö är ologiskt. Det kan inte förenas med att jag nu lever och verkar. Sen ska allt vara avklippt. Det är som att stanna med en bil på branten av en avgrund, sen åker man ner som i en soptipp.

Matts snurrade på glaset och drack i små klunkar.

– Det är väl inget ologiskt i att man åker i soptippen när man är gammal och förbrukad, sa han.

Professorn rynkade pannan vid de sista orden, som om de berörde honom obehagligt.

Ragnvald tittade småskrattande på honom medan han stoppade sin pipa, tände den och sög på den.

– Om man är gammal och förbrukad, sa professorn, men det vet vi ju inte. Det är förnuftsstridigt att ett perfekt utrustat intellekt bara upphör.

– Du kanske menar att de perfekta intellekten lever efter döden, inföll Ragnvald ironiskt.

– Avbryt mig inte. Det är inte det vi diskuterar, fast livet efter döden är lika orimligt som att det upphör. Vad jag vill slå fast är att det är en motbjudande tanke att dö.

– Det är det väl ingen som har bestritt, muttrade Matts.

Alla de där aktiva människorna är rädda för att dö, tänkte jag där jag stod i kokvrån och tog fram vatten ur kylskåpet. Hur mycket på det politiska området är inte omvandlad dödsfruktan. Det är till och med fruktan för döden som gör att människan vill skapa ett paradis på jorden. Egentligen är det väl lika orimligt att leva.

När jag kom med det kylda vattnet och satte fram det för de törstiga sa Ragnvald: Det är när man tänker på döden som man är rädd, när man väl är rädd tänker man inte på döden.

Det var ju en subtil tanke.

– Om man fyller ut sitt liv med vad man bör göra och vill göra så hinner man väl inte tänka så mycket på det, sa Ingrid. Det är nog så man ska göra. Och sen dör man, kanske mätt av år.

Det var egentligen det mest rationella som sagts men professorn sa: Tror du! Det är ju en vacker tanke. Nåja –

fyller ut sitt liv, det är vad de flesta gör eftersom ingen räknar med att han ska dö. För då blir livet egentligen en orimlighet. Men att dö mätt av år, det är inte många som gör.

Plötsligt sa jag något jag ofta tänkt: Tror du inte på själavandring? Det kunde väl vara en tillfredsställande lösning.

Professorns fryntliga ansikte fick ett uttryck av vämjelse.

– Själavandring! Men då förlorar man ju sitt jag. Det är inte alls tillfredsställande. En halvmesyr för den som inte vill bestämma sig för att tro på det ena eller det andra. Det är jag som lever, jag. Inte vill jag tänka mig att bli en ko i nästa tillvaro.

– Eller en mygga, sa Ragnvald och plattade till en mygga som satt och sög på hans smalben. Den här, sa han och höll upp myggliket, kanske var professor i statskunskap i en föregående inkarnation och blev straffad för att hon inte trodde på själavandringen.

– Hon kanske inte var god tillräckligt, sa Ingrid.

– Om alla vore goda – visserligen något högst förträffligt, men i längden tråkigt, det onda är betydligt intressantare – om alla vore goda så förlorar man måttstocken för det onda. Man kan inte veta om de är goda.

– Det är då ingen risk för att alla blir goda. Inte just nu i alla fall.

– Men det är ju det som de kristna vill att vi alla ska bli, sa professorn. Och om alla blir det så har kristendomen ingen funktion längre.

– Det finns ju alltid yttersta domen att ta till.

– Men vem ska dömas om alla är goda? Och frågan är vem som dömer. Då måste man tro på en straffande Gud som dömer de goda att dö och de onda att leva vidare. Om man nu ska räkna med själavandringen som vi började tala om. Nej, det går inte.

Skulle professorn utbreda sig mer om det där med den

straffande guden som också tillhörde ett av hans favoritämnen? Han var lik en abborre när det gällde den sortens saker, en gammal klok abborre som går runt och nosar på betet på kroken men inte nappar. Han kunde bara inte låta bli att simma runt och nosa för att se vad det var som bjöds honom. Men jag såg att han började bli trött nu och det ljusnade så smått där ute.

– Varför ska vi hålla på att tänka på döden, vi är ju fullt upptagna av att leva, muttrade Matts som också började bli trött och hade mist sin vanliga pessimism.

– Javisst, sa professorn, det är det vi är.

De teg en stund och drack.

– Jag är då inte rädd för att dö, sa jag.

– Är du inte rädd, sa professorn. Men det blir ju slut alltihop. Just nu verkar det då inte som du hade lust att dö.

Neej – inte just nu. Jag kände mig träffad. Men jag fortsatte ändå gamla tankegångar: Men förut, ofta. Än sen. Det är väl inget att vara rädd för. Man bara upphör.

– Det är bara för att du inte har tänkt igenom saken ordentligt. Det är ju just det där att upphöra som jag tycker illa om. Du måste vara rädd för döden, det är abnormt att inte vara det. Men du kanske tröstar dig med metafysiska spekulationer om ett liv hinsides.

– Inte alls, sa jag föraktfullt. Men för det behöver man väl inte vara rädd. Jag har alltid umgåtts med dödstanken, självmordstanken.

De skrattade åt mig allihop och jag märkte hur orimligt det lät just nu och ändå var det sant, mycket mera sant än jag vågade säga. Det fanns så mycket hos Ragnvald som ingav mig ångest, något jag inte alls var säker på. Det var lätt att tänka fram till döden därför att livet var så kort. Man ville inte tänka sig att man skulle försvinna, att ens verk skulle försvinna, ens kultur försvinna. Ändå kunde man inte passa ihop tiden och evigheten, för man kunde inte tänka i så långa tidsperioder, tänka runt universum.

– Självmord är visserligen att föredra framför mord, från samhällets synpunkt, sa professorn. För övrigt är självmord oftast en olyckshändelse. Man fumlar med en pistol, man snubblar på ett hustak, man lägger sig på fel spår, det där tåget kommer. För egentligen har man inte tänkt göra det. Det bara bekräftar vad jag sa. Det egendomliga är att självmordsfrekvensen minskar i kris- och krigstid, kanske beroende på att spänningen i tillvaron ökar. Det händer att folk begår självmord för att de har så tråkigt. Det kanske är ditt fall.

– Ja kanske, mumlade jag. Jag kände mig träffad igen. Om jag gör det ska jag först skriva till dig och tala om hur det känns.

– Gör det du, gör det du. Hans glitterblåa ögon hade förlorat något av sin skärpa. Men han samlade sig en gång till. Du törs inte göra det. Ingen person vid sunda vätskor gör det frivilligt. Tänk på Kirillov, inte ens han kunde fast han till slut gjorde det. Det var ett rent misstag och något ohyggligt. Det är bara en pose att prata på det viset när man inte står inför en realitet.

Jag kände hur Ragnvalds hand rufsade om i håret på mig och han lutade sig fram.

– Skål du, du pratar. Du tänker inte ett dugg på det.

Hans andedräkt svepte över mitt ansikte. Han måste ha druckit mycket. Jag blundade och kände att det gick runt i huvudet. Orden nyss snurrade därinne: fumla – snubbla. Skräcken slog klorna i mig ett tag. Häromnatten hade han ringt och väckt mig och sagt: Nu tar jag mitt liv. Jag såg upp och såg in i hans glada ögon. Var det han som hade sagt det?

Så såg jag på professorn som satt med en slocknande cigarett och teg.

Att han är så rädd för döden tar udden av nästan allt vad han säger och skriver, tänkte jag. Vad bråkade de om egentligen. Att upphöra hade ingenting skrämmande över sig, man slocknade som ett ljus och visste ingenting. Det skulle vara ganska skönt.

Chartreusen hade blivit bärnstensgul i gryningen, det lilla som fanns kvar i botten på glasen. Alla började vi upplösas av morgondagern var och en i sitt hörn.

Till slut märkte jag att jag satt ensam kvar i det grådaskiga ljuset från en halvmulen himmel. Framför mig stod en massa urdruckna glas och överfyllda askkoppar. Gardinerna fläktade och jag ryste lite för den kyliga luften. Men jag var klar i huvudet nu och orkade inte klä av mig och gå och lägga mig. I stället satt jag och funderade på något som hade sagts i kväll, i natt. Inte detta om döden, det sköt jag ifrån mig. Nej, det var när professorn hade talat om absoluta ögonblick som något hade rörts upp från botten. Och just när vi hade gått under lindarna som blommade. Den där sista gången under lindarna vid Luxembourgträdgården.

Jag hörde dem tystna i trappan, ett allt svagare mummel...

Summa 1943
Året då det började ljusna ute i världen – ute i världen i alla fall. Året då planer gjordes upp om hur världen skulle organiseras efter kriget, alla dessa företeelser och begrepp som blev aktuella och skulle så förbli – tyvärr. Men de måste vara det, det vill säga aktuella nog för att alltid upptas till omprövning. För gör man inte det – då är man illa ute.
Utrikespolitiska institutets skriftserie omfattade då fyra nummer:

Torsten Gihl: Folkrätt under krig och neutralitet
Herbert Tingsten: Samtidens förbundsstater
Ernst Pfleging: Det tyska storrummet
Willy Strzelewics: De mänskliga rättigheterna

Dag kallare natt kallare dag . . . natt . . .

1944

Bryt dig ut, hade min gamle vän Andreu sagt. Nog hade jag försökt bryta mig igenom den mur som alltid slöt sig om mig i Sverige. Till sist hade jag fått ett nytt arbete, jag mötte politiskt likasinnade. Till slut gifte jag mig.

Man förstår inte vem man gifter sig med och lovar sveklöshet. Man vet så lite om varandra. Kanske får man aldrig veta.

Ragnvald var en gåtfull människa som i likhet med de flesta inte kände sin egen gåta. Han var svag och kunde inte värja sig. Andra slog ner honom och han stod frågande nästan barnsligt undrande: hur kunde det ske? Och varför? Han var en övertygande, lysande talare. Men när han skulle sätta det i skrift blev det tvärstopp. Han var en vänlig människa, han var glad och kvick i umgänget. Men svag. Rätt som det var doldes öppenheten i ett moln av osammanhängande mytomani, i svaghet. Han charmerade alla, män som kvinnor, drog dem med sig i sin entusiasm och byggde entusiastiskt på sin älskade idé: ett levande utrikespolitiskt centrum i Sverige. Ett viktigt led i det han dessa mörka år såg som avgörande: världens organisering efter kriget. Det talade han jämt om.

– Enormt viktigt! sa han. Enormt!

Och han vann människor för sin idé, han fick stöd av stat och kommun och företag, han fick fina lokaler och inredning och möbler och bokgåvor. Allt gick så bra. Som det verkade.

Men han var svag. Och hudlöls. Hur svag och hur hudlös fattade inte jag. Då.

En dag i maj gifte vi oss. Vi trodde att det skulle gå bra. Jag trodde att jag skulle kunna hjälpa honom; det tror alla alkoholisthustrur. De tar alltid miste. Det gick inte bra. Varje gång det inte gick alldeles illa, sa Ragnvald: Du ser att det gick bra. Du ser att det är klart. Jag ska klara det.

Det beror på hur man ser det. I längden gick det inte. Vi kämpade båda mot böjgen. Vår egen böjgen.

Han var jämt borta, upptagen av diskussioner och föreläsningar och när han kom hem var han berusad och full av förtvivlans ångest. Om han kom hem ... Jag var jämt hemma och det var november och natt, mest jämt var det november och natt. Jag var ensam med skrivmaskinen och taxen och en hög böcker som skulle översättas.

Telefonsignalen skar gällt genom tystnaden.

– Hallå, älskling. Det är jag. Vad gör du?

– Jag sitter och arbetar. När ...

– Gör du. Vad du är duktig, älskling.

– Varför kommer du inte? Jag kan inte sova om du inte kommer.

– Jo jag vill komma hem. Jag längtar så efter dig.

Det blev en paus. Han hostade till. Avlägsen musik strömmade ur luren, smeksamt sliskig.

– Var är du? Är du på krog?

– Jag gick bara in för att ringa till dig efter sammanträdet. Jag måste ringa. Jag längtar så. Enormt.

– Snälla du – kom hem snart.

– Jag vill ju ingenting annat.

– Men varför kommer du inte – Ragnvald.

– Jo, jag kommer.
– När kommer du?
– Jag kommer snart. Jag ska bara...
Det knäppte i luren.
– Hallå, hallå...

Nej. Jag sjönk ihop som en hösäck framför skrivmaskinen. Tände en cigarett. Den smakade hö, men ändå en sysselsättningsleksak, en igångsättningsleksak. Fyra hötappar kvar av ransonen i paketet. Paketet prasslade och det bruna taxhuvudet flög förväntansfullt upp, men inget annat hände än att jag satte ett nytt papper i maskinen och skrev sidnumret. Kylan silade in i mig, taxen ruskade på sig, gick runt för att finna en skön sovställning. Och somnade. Tänk att få rulla ihop sig och sova. Ensam.

Jag hade ingen att tala med utom taxen Rita. Hon var en levande närvaro, den enda. Hon snusade med välbehag. Annars var det tyst.

Tills telefonen ringde.

Ragnvald ringde, från någon krog, det hördes soft music i bakgrunden.

Han sa: Jag vill gå hem – jag kommer. När kommer du? Snart. När? Jag kommer nu.

Jag gick ner för att möta. Det var kalla natten. Natt kallare. Dag kallare.

Där går en tjej och vallar sin tax... Jag gick där på gatan med Rita, jag stod där och väntade: där kom bilar – nu nu nu... Nej han kom inte. Natt efter natt efter natt.

Och tiden flöt förbi i gråsvarta vågor.

Alltid var det november och natt och regnet öste ner. Och kriget tog aldrig slut. Jag var ensam med taxen och skrivmaskinen och en hög böcker som skulle översättas. Rita var lycklig som fick sova och glömma. Jag fick aldrig tid nog, jag måste arbeta och vänta och betala speceriräkningen. Jag hörde att det fanns människor i huset. Men ingen kom till mig och ibland trodde jag nästan att jag var död. Nästan död. Jag satt där och knackade på maskinen och väntade och hjärtat bultade allt hårdare i väntans ångest.

Tills telefonen ringde.

En kväll när jag som vanligt väntade med maten för den händelse han skulle komma till middag – det hände sällan – en kväll ringde han. Han lät strålande glad. Han hade beställt bord på Operakällaren.

Det skulle bli att fira.

– Fira vad då?

– Jo nu ska du gå dit – allt är ordnat. Allt är klart. Jag ska klara det.

Jag skulle gå dit, menyn var redan fastställd.

Vad menade han: skulle jag? Men – han då?

– Nej, sa han. Förstör nu inte alltihop.

Det var ju detta att han ville göra mig en glädje, gottgöra alla gånger jag fått vänta förgäves. Han ville bjuda mig och allt var ordnat, i detalj. Han bönföll, var så bevekande som bara han kunde vara. Till slut orkade jag inte stå emot. Jag gick. Jag satt, inte finklädd nog, jag kämpade mig skamfylld igenom måltiden: delikatessandwiches, tournedos och sparris och crêpes suzette, med fina viner, omgiven av tomögda domestiker med neutrala miner. Allt smakade som aska... Mitt under middagen kom telefon. Ragnvald ville veta om jag njöt. Nu hade han druckit mera.

– Ja, ljög jag, kommer du?

– Nej, jag är inte värdig, sa han med ett sorgset skratt och lade på luren.

Jag stod kvar med luren i handen, hörde ett knastrande i telefonen: som av själlöst gnagande insekter som gnagde och gnagde sönder vad som fanns kvar av vårt äktenskap.

Så gick tiden, så gick nätterna, natt efter natt efter natt, i vinter och dimma och iskall ensamhet. Jag gick ner på gatan, jag väntade, nu – den bilen kanske, nej nästa då, nej – jag gick upp, jag kom tillbaka till en väntan i ångest.

Jag levde bara i relation till Ragnvald, när han kom hem, om han kom hem.

När han äntligen kommit i säng började han kvida av ångest.

– Där är tunneln, en lång lång svart tunnel. Den är så hemsk... Ta bort den, ta bort den, ååh... Hjälp mig, du måste hjälpa mig.

Bara den lilla nattlampan brann, men jag kunde se hans ansikte där dragen var liksom uttänjda och håret låg i våta testar ner i pannan. Han andades tungt och såg på mig.

– Du, vad stirrar du på? Va? Du ser djävulsk ut, djävulsk...

Jag svarade inte. Han väntade inget svar, skulle inte höra det. Så slog han händerna för ansiktet och jämrade sig.

– Jag är så ensam... jag är rädd... Han såg upp igen. Varför förstår du mig inte. Varför hjälper du mig inte.

Det var det jag inte kunde.

– Låt mig vara... jag ska ta mitt liv, så slipper ni mig allihop... ni allihop, ni löss... Jag ska klara det...

Till slut sov han.

Mellan hans tunga andetag hördes de trygga borgerliga snarkningarna från den pensionerade majoren i våningen under. Och regnets droppande mot fönsterblecket.

Det ringde på telefonen.

– Hallå – jag vill bara säga dig att nu tar jag mitt liv.

– Men..

Men han hade redan ringt av. Efter en stund ringde han igen.

– Ja, nu har jag snaran om halsen och nu drar jag åt, strax. Jag ville bara säga adjö...

Så hade han lagt på luren igen. Varje gång trodde jag

honom. Jag tänkte på vad professorn en gång hade sagt: fumla med en pistol, snubbla på ett hustak, lägga sig på fel spår, där tåget kommer.

Ögonblicken hade krympt till så små enheter att jag inte kunde överblicka mer än det jag befann mig i. Jag försökte bryta mig ut genom mina murar. Nu tyckte jag att det fanns en ny mur omkring mig, en böljande mur av dimma och genom den såg jag andra människor röra sig, som okända vattrande fiskar i djupet. Hotet om självmord kom mig att tänka på den där sommarkvällen 1943, då professorn också talade om de absoluta ögonblicken. Det kom tillbaka nu allt starkare. Minnet av en kort lycka före kriget. Det blev en flykt till minnet, en tillflykt.

Ibland under nätter av väntan satt jag på den slitna gallerimattan framför radion och vred på kortvågen, det gröna ögat blinkade. Jag sökte mig fram för att få in Mexico. Jag ville höra samma program som Jean på samma gång som han. Men Mexico kom inte. Det var så många störningar nu under kriget, rösterna kom på alla språk, hetsiga övertalande arroganta, de grälade med varandra i etern, när jag vred knappen över olika stationer. Ibland fick jag in Montevideo, det var i alla fall spanska. Och musik, klassisk musik. Jean tyckte om musik, Jean bodde i ett spansktalande land. En fullkomligt imaginär association, men i alla fall en association. Jag behövde tänka på honom, det var som när en fånge tänker på friheten. Musiken blev svagare, suddades ut, försvann. Det knastrade i radion. Det gröna ögat slocknade.

Världen utanför: fanns den? undrade jag där jag satt på Operakällaren. Hade den funnits? Skulle den komma tillbaka? Jag stod i en flod, en strömmande flod, handlingsförlamad: allt strömmade förbi.

I alla fall: det verkade som om kriget gick mot sitt slut och Ragnvald var helt upptagen av Världens organisering efter kriget. Det talade han jämt om, var ofta ute och föreläste om, det var viktigast av allt, nu när kriget kanske snart var över. Och världen skulle bli ny och rättvis. Annars – ja det ville man inte tänka på, hur det skulle gå med världen. Han var som besatt av tanken, för annars mister man freden och allt vad den innebar, sa han, vad den kunde innebära. Det gällde u-land och u-värld, tredje världen, fast man inte uttryckte det så då. Innan världen ramlar i bitar, brukade han säga.

När vi hade varit borta tillsammans sa han; någon gång: Du ser att det gick bra, upprepade det som en refräng, småningom mera sällan. För det gick inte bra; oftast gick det illa.

Han blev svagare, försummade arbetet, inställde sina föreläsningar. Han blev svag, kunde fösas åt sidan. I akademiska sammanhang händer det inte sällan att man trampar på den som redan ligger; eller man går förbi. Så gick det.

Ragnvald sa: Jag duger inte åt dem. De räknar inte med mig för jag har ju inte graden, är inte docent. Det är i alla fall jag som har startat institutet, startat det och byggt upp det, i åratal. Jag ska få färdig min avhandling. Jag ska nog klara det, jag ska. Oroa dig inte.

– Det blir aldrig något av, sa professorn till mig. Någon

avhandling kan han inte åstadkomma, det har ju visat sig.

Summa åren 1944–45
Dag kallare
kväll kallare
natt kallare
morgon

Alkisen har fallit raklång
bland träden på gatan
vill inte lyftas
från asfalt och sten
ett hjärta fastklämt
i ångestens sax
har tjejen som motvilligt
vädrar sin tax

Se jag gör allting nytt – nej: slut

1945

Hela vintern höll jag till i skärgårdsstugan med min tax och min skrivmaskin. Ragnvald kom ut ibland, sen försvann han på skidor mellan träden, jag visste aldrig när han skulle komma tillbaka. Ensam med taxen, skrivmaskinen och högen med böcker som skulle översättas.

Jag var kvar fram på våren och följde i radion med sympati hur den annars osympatiske general Patton lät stridsvagnsvågorna välla fram över det härjade Neuropa mot Berlin. Då kom jag ihåg den tyske militärattachén som för fem år sen otåligt väntade på att få träffa flickorna på Montmartre ”sous les toits de Paris”. Den hånfulla göken gol och alla andra fåglar sjöng som om de inte hade annat att göra. Det hade de ju inte heller. Därför blev de besparade mycket.

Så kom äntligen en ny vår och naturen levde upp på nytt.

Det var den våren kriget tog slut och mänskligheten levde upp. Strålkastarna spelade inte längre med sina dammpelare i den mörka rymden, de släcktes och rymden var klar. I husen tändes utan fruktan vänliga ljus över jorden. Och fyrarna drog åter sina glittrande pärlband kring alla kuster.

Fred, jublande människor över hela jorden, ty nu när kriget var slut kunde det inte vara annat än fred. Nu är vi fria, för man har lovat oss frihet från nöd och fruktan.

Jublet svallade i den ljusa vårsolen över ruiner och rykande bränder, nytt hopp tändes hos svältande och hemlösa. Fängelser och koncentrationsläger öppnades och de fångna, de som fanns kvar, kunde gå ut i solen och glädjas, kunde fara hem – om de hade några hem kvar att komma till.

Det var slut och allt var nytt.

När man för första gången efter dagsnyheterna fick höra den välkända rösten i radio läsa väderleksrapporten.

8/5 1945 Måttlig vind. Uppehållsväder frånsett någon enstaka regnskur. Oförändrad temperatur.

9/5 Inom ett högtryck över Skandinavien råder svaga vindar och vackert väder. På framsidan av ett lågtryck väster om Brittiska öarna råder en varm sydlig luftström från Biscaya upp mot Nordsjön.

Östra Svealand. Måttlig, vid kusten delvis frisk men avtagande vind, vridande mot S. O. Varmare.

10/5 Ett regnområde som under natten inträngt över Götaland och Svealand väntas under det närmaste dygnet passera... Ett nytt regnområde befinner sig på morgonen över Biscayabukten... Temperaturen var klockan 12 i Oslo, i London, Paris... Bel Roc halvklart, Spurn Head, lugnt, Borkum Riff... Faerder Lister alla fyrarna: Skagen Vinga Väderöbod Kullen... Ölands södra udde... Harstena... Gotska Sandön... Landsort... Svenska högarna... Söderarm... Örskär... Holmö Gadd... Bjuröklabb och Rödkallen.

Då förstod man att kriget var slut. Då förstod man att den magiska isoleringen var bruten. Det var som förr. Gränserna var öppna, man var fri. Låt det bara regna, låt det bara komma hur många lågtryck som helst västerifrån. De första rapporterna om dåligt väder var ljuvlig musik att lyssna till. Att vinden kom från väster hade alla märkt för länge sen och blåste så ihärdigt att alla ytterplagg måste blåsa med.

Med Ragnvald gick jag en majdag nerför Birger Jarlsgatan mot Kungsgatan, där man tömde papperskorgar ner på gatan för att fira att kriget var slut. Som om vi hade någon förtjänst.

I ett gathörn stod några franska pojkar, desertörer, och sjöng Marseljäsen. De var lyckliga, det syntes. Då samlades ett gäng svenska pojkar och dansade runt dem och skrek med högerarmen i vädret: heil hitler, heil hitler...

Världshaven låg fria att beseglas av skepp, skamfilade men ändå skepp. Fast hur skulle en spårvagn kunna komma med i en dylik regatta? Komma med i en gemenskap som man som neutral ställt sig utanför?

Så lätt gick det inte.

Kriget var ännu inte riktigt slut.

Världens längtan efter fred bredde ut sig som en svallvåg och lät inte hejda sig av någonting. Men en dag släppte en ensam man på order utan att ana vad han gjorde en liten tingest över det där landet som låg så långt borta och som man visste så lite om. Då dog på en gång 200 000 människor och man anade inte hur det skulle gå med dem som överlevde i den trakten.

Men alla andra människor som levde på andra håll i världen drabbades också av osynliga strålar. Det kom som ett slag i maggropen, mänskligheten vek sig dubbel, kunde inte andas. Man visste bara att man inte kunde fatta.

Bara att det var nytt och att allt var slut.

Men vi då? Vi var ju neutrala. Ingalunda. Varför gladdes vi mest? Vi som stod där med skammen. Ja, vi slapp ju ransoneringen men inte skammen. Så fick jag mitt neutralitetskomplex. Att dras med i åratal. Antagligen hade andra det på samma vis.

1946–1948

Dag kallare,
  Natt kallare,
  Dag kallare,
  Natt kallare – ja så var det, jag hörde orden någonstans långt bortifrån, ett eko ur framtiden.

Ragnvald blev inte bättre, han var på sjukhus, han kom ut, han försummade sitt arbete, han kom inte till sammanträden, han kom på sjukhus igen, han förlorade vänner och fotfäste. Han förlorade mig, alltmera, till sist.

Alla sviker mig, sa han, du sviker du också, sa han.

Det var sant – det gjorde jag ju. Jag hade ingen kraft kvar att stödja ett vajande rö. Som jag trodde, i alla fall.

En dag kom han ut till landet. Han var berusad. Han sa ingenting. Han satte sig ner i fällstolen och började stoppa sin pipa. Så lade han den ifrån sig och böjde sig ner mot golvet och tog upp ett par valpar. Rita hade valpat och fått fem stycken. Han lekte jämt med dem. Så rätade han sig upp och sa:

– Nu är det slut. Jag duger inte åt dem och jag har sagt upp mig. Jag duger ju inte. De förödmjukar mig, tar från mig allt, förnekar allt vad jag har gjort. Men det är i alla fall jag som har byggt upp detta institut som jag älskar – det kan de inte ta ifrån mig. Men jag duger inte, jag har inte disputerat. Detta Sverige, denna akademiska hackordning – jag ska ta mitt liv. De sviker mig, alla, du med...

Jag ska klara det, sa han.

Jag kan inte klara det, sa han.

Han kunde inte,

Hjälp mig ur tunneln, sa han, den är så mörk.

Jag kunde inte.

Vi skildes.

Han löstes upp i rök och dimma, jag stelnade och blev till sten. Han försvann i eld. En kväll när jag kom från skärgårdsön stod allt i lågor. Brandbilarna nere på gatan – poliser och brandsoldater i trapporna, en tjock brandslangsorm slingrade sig upp i trappspindeln. Våningen utbränd, Ragnvald på sjukhus.

Men han var ju på föreläsningsresa?

Nej – han hade förts rökförgiftad till sjukhus.

Till sist – ja, till sist.

Så var det alltså för miljoner människor som kom hem till utbombade hus. Något kom för mig som professorn sagt: fumla snubbla tappa en tändsticka. Jag tyckte att Ragnvald försvunnit ut i natten som en brinnade fackla.

Så var det med hackordningen. En lysande begåvning krossades, en levande initiativtagare drunknade i spriten. Som så många andra. Han kunde inte ta sig upp ur träsket och han upplevde att alla svek honom. Jag också, också jag svek. Och han försvann i rök och dimma, men inte utan spår. Vad han med sin entusiasm och idérikedom byggde under många år – det finns kvar. Det utvecklades till vad han drömde om för femtio år sedan. Det finns och lever, även om han är glömd av nästan alla.

Någon måste bli husgrund. Alltid måste det finnas en grund för att bygga ett hus på, ett fundament som sjunker ner i jorden och sedan inte syns.

– Ja.

Natt kallare, natt efter natt efter natt utan någon ny dag att vänta.

I dagboken: Det är så underligt. Jag är död, jag känner det mer och mer tydligt. Vad ska jag göra för att vakna till liv – till nytt liv?

Vrakspillror

Efter kriget lade sig en stor trötthet över en. På segerdagen jublade alla, också i Sverige, därför att det var en i almanackan fastställd jubeldag. Man jublade för jublets egen skull.

Brunnen – den finns alltid bredvid mig. Förr gick jag på en knivsegg. Det behövs så lite för att falla, jag har ingenting att hålla mig fast i.

KRIGETS overkliga verklighet är slut
människan skulle gå ut i frihet
världen vaknade inte upp till fred eller frid
hon gick ut i ÅNGEST

Jag tycker att jag befinner mig i ett tillstånd mellan sömn och vaka. Krigets overklighet är slut – ja. Min egen mardröm är slut – ja. Ändå har varken världen eller jag vaknat upp till fred eller frid.

Under kriget dog människor för något; åtminstone trodde somliga det. Men det måste också finnas något att leva för, om jag vill rörelse. Att leva eller dö utan objekt är stagnation, ett förruttnande i egen orörlighet.

Alla de här åren är som en kuslig parentes som jag vill utplåna, undertrycka för att försöka återknyta till vad som fanns förut.

Men vad fanns förut?

Åren före kriget var oro och ångest. Det har man glömt.

Man börjar tala om det lyckliga 30-talet. Drömmer om det som om en oas. Men vill jag sätta foten i denna oas trampar jag i luften som på randen av ett stup: där är brunnen som alltid väntar mig. Och då vaknar jag upp. Lite.

Man vill leva som om ingen atombomb hade fallit.

Men den har ju fallit och allt blir meningslöst.

Människorna verkar ännu mer isolerade från varandra nu än under kriget. Fast vi tror att alla gränser är öppna, att allt är som förr kan vi inte nå varandra, vi talar inte om samma saker. Jag når ingen.

De där två judiska flickorna som hyrde våningen alldeles efter kriget. De hade kommit med transport från lägren i Tyskland.

Jag ringde på min egen dörr. En av dem öppnade. Bad mig stiga in. Jag följde generad efter in och satte mig på yttersta kanten av en stol. Det var sommar, fönstren stod öppna, gardinerna fläktade, frisk grön luft kom in från den planterade gården. På bordet stod blommor. När jag bodde där var det alltid november och natt.

Hon tände en cigarett; jag såg det intatuerade numret på hennes arm. Hon såg min blick och sa lätt:

– Ja det är mitt nummer.

Jag mumlade:

– Om vi hade blivit ockuperade hade jag varit där med er.

Ett försök att rentvå mig och säga att jag inte var skyldig. Hon log överseende, som en skådespelerska ler när en skolflicka försöker uttrycka sin beundran.

– Kanske det, sa hon torrt. Ja vi flyttar nu eftersom ni kommer tillbaka.

Det var en tid när jag var ensam, jag hade ont om pengar. Därför sa jag:

– Ni får gärna bo kvar. Vi kan väl dela våningen.

– Tack, vi föredrar att flytta. Vi far snart härifrån.

De ville inte bo med mig. De tillhörde de utvalda. Jag såg att bordet var fullt av repor som inte funnits där förut. Några år i läger gör en likgiltig för ting. Jag skulle ingen rätt ha att säga något om de förstört allt. De hade ju fått allt förstört.

Plötsligt kände jag mig som en tiggare. Jag var utanför deras gemenskap.

Alltid utanför.

Varför är fredens män så ynkliga? Varför är krigets män så storartade eller så gemena?

Historien kanske upprepar sig och vi lever i samma stinkande atmosfär av upplösning som vid romerska rikets fall. Nya barbarer ska störta västerlandet i spillror. Men hur många ska offras medan de som har makten och ansvaret ingenting riskerar? Fast varför skulle historien upprepa sig? Ingenting gäller längre sedan den där förbannade atombomben fälldes. Den kommer att ge upphov till kedjereaktioner av lidande i lika astronomiska tal som antalet atomer. Så länge den nya epoken varar – för det var en ny epok som då började. Vetenskap och framsteg trodde det stackars 1800-talet på, men vetenskapen har en sutenör: tekniken, den amoraliska, opersonliga tekniken. Tekniken som bolar med makthungern och regerar i evig ångest som dödar allt som lever, allt som vill, allt som längtar.

Jag vill inte dras med, jag vill fortsätta, fortsätta därför att jag är människa. Även om jag inte kan se att det tjänar något till – på kort sikt. Även om det ingenting är värt – nu.

Fast om vårt släkte är förlorat, så ska kanske en gång andra komma efter en ny grottmänniskotid. En ny värld som häpen gräver fram de förödda städerna. Kanske kan de inte tyda språken, inte läsa böckerna, inte förstå vad som var denna tids kultur. Kanske kommer de att förväxla skikten – till vår fördel. Vad som nu byggs och tillverkas är inte lika varaktigt som egypternas pyramider, nu kan man bara imitera naturen med konstgjort, pressmassor och plast. Men plasten är outslitlig. Nästan. Plasten kanske blir det enda som finns oskadat kvar från denna epok som blir kallad plaståldern – inte atomåldern. Vilken fattig epok, kommer de att tänka. Och det är sant – vilken fattig epok.

En bild i tidningen: en kaj, en landgång;
 civila män bärs ombord av män i uniform

uniformerna är svenska; order
måste lydas –
även i en demokrati

slitna kavajer hänger på levande kroppar,
 fosterlandslösa frihetslängtande
 asociala individer

mot order hjälper inte ett samlat
folks protester

Demokratin bär hotet om sin egen undergång inom sig, därför att den inte kan hävda sig med våld mot våld. Vad man än gör kommer världen att bli kommunistisk, som det kallas. Samtidigt ingår det i mönstret att alla ska göra motstånd. Alla måste kämpa för att alla ska bli fria, även om vi aldrig får uppleva befrielsen. Motstånd måste traderas som en gång sagor och legender. Kanske kan den kampen – om den har äkta motiv – vara en atom i mänsklighetens befrielse från det onda, från sig själv?

Demokratins kris? Den har alltid funnits. Var och en som ser ner på någon annan är snobb, alltså inte demokrat. Ens inställning till andra, det som är förutsättning för politisk demokrati.

Baltutlämningen.

Att behandla alla lika – svårt. Lättare att sitta överst och behandla alla lika; kanske underst också. Men mellanskikten – kryperi uppåt och översitteri nedåt, på alla stadier. Vi möter aldrig människan, bara människor från olika miljöer. När vi vill visa att vi inte är antisemiter, inte har sociala fördomar, slår vi över och visar på ett sårande sätt att vi gör skillnad på folk och folk.

Varför kan det inte bildas en ny international av alla dem som inte längre har hemortsrätt i något politiskt parti? Vi bara driver omkring – hjälplösa.

Folk säger: Så snart det blir ordning ska jag ut och resa.

Men blir det ordning så länge det finns ett vacuum mitt i Europa. Det måste hämna sig på alla.

Det finns ett hat hos mig som riktar sig, inte mot det onda, utan mot den onda människan med tonvikt på människan. Det var det hat jag kände under kriget, då mångas inställning inte bara var en fri moralisk indignation. En krampaktig fanatism på det intellektuella planet och som all fanatism smittsam. Ett vällustigt primitivt underkännande för själva njutningen att underkänna. Det förgiftade oss alla. Ända ner i botten. Och det hatet finns kvar och det är dess andedräkt som blåser över detta vacuum. Och i ett vacuum förändras ingenting.

Men folk reser som om ingenting hade hänt.

Inte sant?

Och ingen bygger upp.

Nävisst.

Man talar återigen om krig. Är allt tvistande något annat än en strid om levnadsstandarden? Västerlandet vill inte få det sämre, de svältande massorna i Asien vill få det bättre.

Någon måste ge efter.

Ibland verkar det som om skräcken för Ryssland vore det enda hindret för att vi ska drunkna i fadd materialism. Ryssarna är starka för att de har ett konkret mål: erövra världen. Västerlandet är svagt för att det har ett abstrakt mål: skapa världsfred. Det är lättare att väcka människors entusiasm i krig än för fred. Den ena parten tror eller låtsas tro på en socialistisk värld; kanske majoriteten av mänskligheten. Den andra tror på en stigande LEVNADSSTANDARD.

kolonialismen är död
 vi måste sänka levnadsstandarden
  men den vill folk ha GRATIS
på en middag häromdan:
 du är defaitist, sa de,
 du måste försvara dig
  jag förstår bara inte vad jag ska
  försvara
friheten, sa de
  friheten – var finns den? är det
  inte levnadsstandarden?
demokratin, sa de
  den kan inte hävda sig med våld
  mot våld,
  får inte
alla måste kämpa för att alla ska bli fria,
 tradera motståndet som legender, myter
  betyder *en enda människa så*
  mycket?

Dagbok 9/3 1948

”Politiska ångvälten går från öster till väster i stället för från väster till öster. Få se hur Europa tar sig ut när de har vältat det tillräckligt. Men då lever inte jag – i varje fall ej i denna inkarnation. Världen är sannerligen inte munter och hoppgivande. Blev häromdagen beskylld för att vara defaitist. Förnuftet ja, känslan nej. Jag tror att demokratin har spelat ut sin roll; för tillfället i varje fall. Vad vi än gör blir världen s k kommunistisk eller vad jag ska kalla det. Sedan kommer något nytt. Men det ingår i mönstret att man ska göra motstånd, motstånd mot diktatur, tvång och förtryck. Alla måste kämpa för att alla skall bli fria, även om vi blir fångar för längre eller kortare tid. På kort sikt tjänar det intet till, på lång sikt måste människan göra motstånd för att hon är människa, eljest blir vi alla robotar. Men vår generation går under. På evig sikt betyder det mindre än intet, men kanske är vår kamp en atom i mänsklighetens befrielse som vi alla vill."

vi möter aldrig MÄNNISKAN,
bara människor från olika miljöer
ändå borde vi alla gemensamt
fungera
som en organism,
en KROPP
nu – framför mig ett brev från civilförsvaret
dömd till hemskyddsledare enligt
beredskapslagen,
inskriven som n:r 4758
tider kan komma när alla får intatuerat
nummer blodgrupp serumtester
den enda varaktiga identiteten
registreras som försöksdjur på laboratorier
till sist prickas av i det stora
folkregistret
innan kroppen förintas, blir
aska

jag har varit ute på landet, i skärgården
med ansiktet mot marken
känner jag den nära doften av
gräs och jord, den varma doften
som solen lockar fram; himlen är
jungfrublå, fåglarna sjunger in
sin vår; förbi mitt öra brummar
en humla; JORDEN lever,
runtom larmar det av växtlighet,
av *nytt liv*
jag undrar: är det min jord, min
mark, mina träd och blommor?
Luften som sirrar av insekter,
himlen över mig där en duvhök
svävar på spända vingar

är detta MITT?
förr svällde hjärtat i mig av glädje
över att detta var SANT
nu är det inte sant längre
under krigets sista dagar var det vår,
jag tänkte: nu kommer den riktiga våren
tillbaka
DEN HAR INTE KOMMIT
TILLBAKA
kriget har krigat sönder oss,
vi flyter
de sista vrakspillrorna i en
dömd värld där vi inte når
varandra
under tiden gör jag som andra:
sysselsätter mig
heltidsjobb för att skaffa sig
existensmedel

det är inte att *existera*

Dagbok 20/9 1948

"Valen. Tror på inget parti, ogillar dem alla. Kan parlamentarismen leva? Eller är det bara provisorium? Och vad sätta i stället när vi är färdiga med diktaturen? För det blir vi. Ej människan för staten, utan samhället för den levande, fria människan. Ko-operation? Syndikalism? Sönderfall i små enheter? Eller små enheters uppgående i en stor decentraliserad enhet? Eller kaos, undergång?"

Till slut är det kanske den där ungdomsupplevelsen av viss kvalitet det enda som återstår, står i ett visst skimmer. Den gången under de blommande lindarna när professorn talade om de absoluta ögonblicken. Erotik, sa han och såg lite medlidsam ut, lite ironisk, lite otålig, det är ungdomsromantik.

Och vad betyder det nu? Vad betyder alla händelser i en människas liv?

9/6 1948
I natt drömde jag att jag skulle halshuggas. Jag hade beställt tid hos skarprättaren. Tyranni härskade i landet och någon annan utväg fanns inte. Bäst att göra det frivilligt. Jag kände att det var slut, oåterkalleligt. Just som bilan lyftes över mitt huvud vaknade jag.

Jag tror att jag måste göra mitt oåterkalleliga val i livet.
Och det hastar.
Men det där att mitt huvud skulle skiljas

från min kropp

kusligt, *oåterkalleligt slut*
Tolkning: jag måste göra mitt oåterkalleliga

val i livet

men det finns inte något val
bara ett måste